문학과지성 시인선 620

잉걸 설탕

송희지 시집

문학과지성사

문학과지성 시인선 620
잉걸 설탕

펴낸날 2025년 7월 7일

지은이　송희지
펴낸이　이광호
주간　이근혜
편집　윤소진 유하은 김필균 허단 최은지
마케팅　이가은 허황 최지애 남미리 맹정현
제작　강병석
펴낸곳　㈜문학과지성사
등록번호　제1993-000098호
주소　04034 서울 마포구 잔다리로7길 18(서교동 377-20)
전화　02)338-7224
팩스　02)323-4180(편집) / 02)338-7221(영업)
대표메일　moonji@moonji.com
저작권 문의　copyright@moonji.com
홈페이지　www.moonji.com

ⓒ 송희지, 2025. Printed in Seoul, Korea

ISBN　978-89-320-4418-7　03810

이 책의 판권은 지은이와 ㈜문학과지성사에 있습니다.
양측의 서면 동의 없는 무단 전재 및 복제를 금합니다.

문학과지성 시인선 620
잉걸 설탕

송희지

시인의 말

한낮
대운동장.

스타팅 피스톨.

나의 게이가
투수의 몸을 입고
먼 곳을 응시하고 있다.

나의 게이는 나를 어디까지 던질 수 있을까?

2025년 7월
송희지

잉걸 설탕
차례

시인의 말

1부
일틱 프로젝트　13
동창회　15
도서관귀신하기　16
일틱 프로젝트　18
없음갖기　20
일틱 프로젝트　22
가는 기둥 모양의 아상블라주　25
내가모르는나들이　28
테디베어　32

2부
플레이 리스트　37
공이라 명할 수 있을 때까지　40
플라세보이펙트　42
수몰 푸가　44
플라세보이펙트　46
플라세보이펙트　48
크롭서클만들기　52

섀도 55

3부

우리는 오래전에 도착했고 소도였다
어두컴컴 젖은 레몬그라스 들판과
이따금 허공으로 솟구치는 폐어들 59
루주 61
오닉스 66
보드 70
금정포 73
금정포 76
금정포 80
음력설 81
Homeplus 86

4부

일기장 91
공작소의 왕 93
농장 98
농장 100
억만노크 102
기억의 습작 110
농장 112
미세하고 단단한, 광택이 있는,
바스라지거나 휘발되지 않는, 오래오래 보존되는 114
나의 시의 전경 116

5부

그해, 후쯔에서 127

그해, 후쯔에서 129

그해, 후쯔에서 130

그해, 후쯔에서 131

그해, 후쯔에서 133

그해, 후쯔에서 134

그해, 후쯔에서 136

그해, 후쯔에서 138

그해, 후쯔에서 139

그해, 후쯔에서 140

해설

퀴어 노스탤지어의 미래·강동호 142

1부

ⓒSean Foster

S에게

질문 : 「나」와 나를 이어가는 한 방식

일틱 프로젝트

하지제. 희와 지는 파도 풀이 딸린 별장에서 그들 사이의 긴긴 계약이 끝나길 느긋하게 기다리고 있었다. 빛이 수면을 표백하는 것을 보면서. 빛이 손발을 표백하는 것을 보면서.

무성하다.
             일그러진
무성하다.

지는 의심하고 있었다. 정말 이곳에 우리밖에 없는 거 맞지? 이따금 뒤통수 너머로 사철나무 가지가 흔들릴 때마다 믿을 수 없을 만큼 공포에 찬 얼굴을 했다. 살갗을 종종 긁었다. 비늘을 자주 뽑았다. 어떤 결손을 들쥐로, 어떤 결손을 신으로 여기며 젖은 타일 위에서 말라가고 있었다.

있기.
            재생 : 사랑 모델
있기.

희는 물속에 있었다. 가라앉아서, 희는 돌아가고 싶다고 생각했다. 돌아가고 싶다고 생각했다.

동창회

 보여줄게. 팔에 심은 207개 구근들. 잃어버린 애인 헐뜯듯 하나씩 뽑아 핥아 먹기 좋지. 교호젤리처럼 그 속 가득 단물 차 있는 공들이지.

 들려줄게. 스플릿 텅. 음치 교정 훈련을 위해 잘라봤지. 서로 다른 두 갈래의 음률이 스르륵 나오는 거. 나와 나끼리 배배 꼬일 수 있는 거. 부드럽고 붉은 이 끈을 너희 몸 위에 감아줄게. 변온동물의 중창은 8할이 혼잣말이라는 거. 어떤 말은 살갗에 먼저 닿는다는 거.

알지?

왁자지껄 :

 천영남자고등학교 선배들이 불콰한 얼굴로 술잔 부딪히고 있다. 내가 사랑했던 남자들아. 흔들리는 형들아. "씨발 너 아직도 그러고 사냐?" 실소하며 묻는, 얘들아. 가까이 와봐. 숲을 펼쳐두었다. 회백색 호수도 멧새도 굴뚝 창문 달린 방도 마련되어 있다. 길 끝에서 나는 퀸 손을 가만히 내밀고 있겠다. 죽어도 죽지 않고 겨누고 있겠다.

도서관귀신하기

휘발되고 싶을 때마다 위층으로 올라갔어 도서관귀신 하려고. 건전 서적 읽으러 오는 이들의 발밑에 아름답고 흉흉한 나의 전기(傳記)를 던져놓고 싶었다. 고요와 탄내로 북적거리는 그곳 선반에 앉아. 느긋하게 기다렸지 나발이 자라나기를. 돌아오기를. 하나의

사서를

그는 젊고 흑발이고 추수철 논밭의 금빛 담긴 눈동자를 갖고 있었어. 새를 기르고 풀어주는 것이 취미라고 했다. 단단히 묶인 끈들을 풀어버린 뒤, 그 전의 매듭이 더 아름다웠음을 깨닫기 좋아하는 이였어.

사서에게 기억되고 싶었던 건 그가 훌륭한 서기였기 때문이다. 학자나 신자가 아니었기 때문이다. 현상으로서의 나 사랑하고 싶었어. 책이 내 손끝 떠나갈 때마다 자꾸만 나의 손 길어지는 듯한 느낌이 든다.

느낌　　입김

여기　　읽기

빈 건축을

　매만지다 보면 보였어 사서가 이용객을 안내하는 모습. 곧 있으면 긴 밤 오고 도서관의 문 닫힐 겁니다. 사람들이 모두 자리 떠나자 사서는 느릿느릿 옷 갈아입었어. 가족에게 전화하고 공간 밀폐하고 책들에 어둠을 덮어준 뒤 자리를 떴다.
　나는 사서를 진실로 사랑하고. 가끔은 그가 부러웠다 벗어던진 뒤에도 갈 곳 있다는 게. 알맞은 파편이라는 게. 도서관귀신이 갖는 가장 큰 위안은 도서관귀신의 이빨과 공포로부터 안전하다는 것. 웅크린 채 내가 가졌던 몸들을 떠올렸어. 천천히 손꼽아보았고 그러나 다 세기엔 나의 손이 너무 적었다.

일틱 프로젝트***

광화문광장 거닐다가 분수대 구경하는 두 남자 봄. 그들의 대화를 봄. 마주하는 눈. 어색한 간격으로 놓인 손. 러쉬 고체 향수 내음. 사이에 놓인 텀블러 표면. 맺혀가는 물방울과 흘러내리는 궤적 봄. 티 난다. 중얼거리며 그들 곁을 빙글빙글 얼쩡거리는 나를 봄.

잠수함이 필요함. 그 끝 창처럼 첨예해야 함. 숯검정 시멘트를 뚫고 굽이굽이 파고들 수 있어야 함. 가닿아야 함. 내 키보다 큰 스타벅스 통유리 앞에 서서 버스를 기다릴 때. 색색의 과일 향 스무디 들이마시던 이용객들의 눈빛이 내 발밑을 찌를 때. 푹푹 물들 때. 거대한 함이 필요함. 아주아주 거대해야 함. 세계를 함 안에 넣고 걸쇠 걸어 잠그고 그 시리고 딱딱한 납 뚜껑 위에 누워 주린 배를 쓸어내릴 만큼의 시간 필요함. 소화(消火)하기까지의 시간 필요함.

치료되었음.
무진장 치료되었음.

맑고푸른사막 방공호의 실험체 중에는 내가 제일 어렸네. 네, 하는 답변이 습관이었네. 선생은 정오마다 한 아름 캔디 들고 찾아와 물었네. "있어?" "느껴져?" "믿어?" 수조 속의 털들은 입 가진 것처럼 꿈틀거린다네. 나는 출입문 밖 경비원들이 늘 장총을 지닌다는 것을 알았네. "불타는 얼음"이라는 낱말을 듣고 울었네. 네 네 그뿐이었네.

"이제부터 해볼래?"라는 말과 함께 나의 인형 의사가 건네준 한 쌍의 실과 바늘, 손에 쥐고 있으면 앞에는 뜯겨 나간 팔, 쏟아진 내부, 눈부시게 세공된 동공 들이 널브러져 있고, 빛도 어둠도 없이 공정한 이 방에서, 나는 수학자로서, '이달의 맛' 빙과들을 퍼내는 노동자로서, 태어나 처음으로 빙판 위에 발 디뎌보는 철새와 그를 지켜보는 조류 관찰자로서, 움직이고, 움직이고, 움직이면, 벌어지고, 벌어지고, 벌어지

이루어졌음.
산산이 이루어졌음.

* 여기 [계속하기]와 [기억하기] 두 가지의 출력장치 모델이 놓여 있다.
** 모델은 생산한다. 흰 것 위에 흰 것이 덮인다. 숨이 프시케ψυχή 나갔다가 들어온다. 폐쇄적인 음향신호 반복된다.

없음갖기

안아주세요,라는 독백은
재미있다 빛 아래 덩그러니 놓여 나를 안고 있는 나 확인하게끔 해주는 게

쓸 만한 가구로 만들어주는 게

해변에 놓인 나무 의자 하나 : 네 개의 무릎은 밀려오는 찬물에 젖어 캄캄해진다 나는 의자의 말이 하고 싶고 의자의 성(性)이 얼마큼 펄떡펄떡 생동하는지를 보여주고 싶다
다만 기다릴 뿐, 젖어들어갈 뿐

나의 위에서
하염없이 돌아가고 있는 원판을 본다
너무 많은 소리로 노래하는 저 바이닐

위로 붉은 공이 구르고 있다
어떤 곳을 향해 떨어진다 잠긴다 "당첨"이라고 말하고 싶다

물속 떠도는 나무 의자 하나 : 담벼락 뒤덮은 덩굴처럼 뻗어가고 싶습니다 생동하고 싶습니다 묵직 달콤 한 과육들 매달 겁니다 악착같이 빨아들이겠습니다
 구멍을 벌리기, 옴짝달싹 움직이기

 엊그제
 친구를 만나고 돌아왔다 졸업 후 몇 년 동안 얼굴 보지 않았던 친구를
 우리는 시답잖은 이야기 나눴고 사소한 것에도 불편함을 느꼈다 귀갓길 지하철은 만석이었고 한 자세로 오래 서서 나는
 문득

 몸속에 누워 있고 싶다고 생각했다 한 번이라도 이곳이 내게 장소였으면 좋겠다 팔다리 수납하고 척추뼈 개고 접고 그 속 깊숙이 침잠해보려 했고

 또 실패했다

일틱 프로젝트*

⌘

 너희들은 재빠르게 나를 보고 지나간다 적당량의 스릴과 충격 느끼고 싶어서. 구분선 바깥에 서서. 명패 읽고 위아래 훑고 기억할 만한 셀피 찍기 위해 휴대폰 들고. 해시태그 치이즈으.

⌘⌘

 기억할 만한 밤이 있어. 때 탄 빈백에 나란히 누워 나와 그는 창밖으로 풀풀 흰 눈 날리는 것 보고 있었다. 고목들의 가지와 뿌리 삼켜지고 있었다. 가금류가 바닥에 자국 찍으며 말없이 숲속으로 사라지고 있었어. 그는 슬프다고 했고 나는 함께하자는 말로 이해했다. 창을 향해 자라나는 우리의 발 검었다.

⌘⌘⌘

아주 검었어.

⌘⌘⌘

 고정됨을 배우라고 교실에 갇힌 적 있다 관 속의 개구리 토끼 닭이 나의 스승이었어. 어릴 때였고. 나는 나의 배경마저도 옮기고 무너뜨릴 줄 몰랐다. 흰 벽에 기대어 빛이 흐르기를 기다렸어 먼 옛날 그렇게 살아난 선조가 있다고 들었다. 움직여라. 움직여. 움직여달라. 앞으로도 영영 이 빈 곳에서 벗어나지 못하리라는 걸 알았네 내가.

⌘⌘⌘⌘

사랑이 중요해.
그런 말을 했네 내가 존경하는 시인이.

⌘

 금요일에 나는 나를 찢은 남자들과 별장에 놀러 갔다. 해변의 에메랄드빛 비늘들 한눈에 들어오는 곳. 포말처럼 희고 아슬아슬하게 서 있는 거기서. 또다시 너를 찢을 수 있다는 게 기대돼. 남자 중 누군가 말했고 나는 석고처럼 웃어 보였다. 그렇지?

* 이 스티치 패턴을 짜내기 위해서 중요한 것은 다음과 같다 : 하나 깁는나와 있는나의 적절한 배치. 둘 집요하게, 집요하게, 집요하게. 셋 결과적으로 더없이 망해버릴 것.

가는 기둥 모양의 아상블라주

도기(陶器) 스타일

무늬를 갖고 싶지 않았는데
외국어를 배우고 싶지 않았는데

너의 손에서 미끄러지자

나 다양해졌다

        요리사가 있는 일요일

       수프를 끓이자
    고기를 넣을수록 풍미가 좋아진다

        누군가는
  수프 한 스푼에 들어 있는 덩어리의 개수로
       어른됨을 감미한다

       요리는 구조다 :

언제나 요리를 기다리는
빈 장이 있다는 점에서 비극이다

내가 저지른 신전

"형아, 무해한 집을 짓자
그곳에서 살자"

그런 문장을 쓰고 있었다 영원을 믿어서 아름다움에 기대서

그럴 때면 전서구가 날아와
나를 낚아채
데려다 놓곤 했다

탄냄새가 났다
탄냄새가 났다

소리를 들었다

사실이 아니길 빌었다

스위치(Switch)

이제 내가 가할 차례다

휘두를 때 사용하는 근육은
휘두르는 사람에게만 익숙한 것이므로

나는 낯섦 속에 압도당하게 된다
나를 묶은 이 끈들이

이름 모를 뱀들이
머지않아 다 잃을 것이다

사랑해,라고 하면 멈출 것이다*

* Safe word : 쉽고 짧으며 내뱉기에 간결한 사물들을 제시할 것.

내가모르는나들이

여기 갈라진 나들이 있다.
엊그제 데이팅 앱에서 만난 대디와
무리한 피스팅 플레이 했던 것이 이들의 탄생 배경이다.
그는 하고 싶다고 했고 나는 잘 모르겠다고 했으나
와장창 ¡ 와장창 ¡ 창세기였다.

나들은 한밤중 보드게임 카페에 모여
남은 생을 어떻게 소모할 것인지 의논하였고.
이것은 그 밤 오갔던
간결한 대화의 기록이다 :

—기꺼이입니까?
—기어코입니다.
—동쪽으로 가겠습니까?
—남쪽으로 가겠습니다.
—동서남북 좋습니다. 우리는 네 조각이므로 공평하게 한 방향씩 맡아서 갈 수 있습니다.
—멀어지겠습니까?

―멀어지겠습니다.

―나는 언젠가 중화 식당의 튀김 망이 되어보고 싶다고 생각했습니다. 끓는 기름 속에 몸을 푹 담갔다가 빠져나오기를 거듭하고 싶었습니다. 바삭해지고 싶었습니다. 닫으려 해도 닫을 수 없는, 부리부리한 백 개의 눈 가지고 싶었습니다.

―오만이군요. 나는 태초부터 튀김 망이었습니다.

―당신은 모를 겁니다.

―당신은 모를 겁니다.

―우리는 모두 주체적으로 죽음해야 합니다. 움직이기 때문입니다. 기능하기 때문입니다. 나는 숲을 걸을 겁니다. 바다를 상상하면서요. 그것은 나의 걸음을 가치 있게 만들 겁니다. 나는 절대 바다에 도착하지 못할 겁니다.

―거만이군요. 나에게는 '발'이라는 부위가 없습니다.

―걷는다는 건 행위라기보다 기억입니다.

―도착하지 않는다는 게 중요합니다. 우리는 도착하지 말아야 합니다. 도착을 살해하며 계속되어야 합니다.

―우리가 곧 도착이라면요?

―그건 가장 아름다운 일입니다.

─교만이군요. 그 말은 어느 시의 구절을 베껴 온 것이지요. 나는 그 시를 쓴 시인의 모가지를 기필코 따버리고 말 겁니다.

─북쪽으로 가겠습니까?

─서쪽으로 가겠습니다.

─사랑을 시도하겠습니까?

─나는 절대 바다에 도착하지 못할 겁니다.

─당신은 모를 겁니다.

─그것이 중요합니다.

─멀어지겠습니까? 다시는 만나지 않겠습니까?

─그것이 중요합니다.

─사랑을 하겠습니다.

─나는 이날만을 기다려왔습니다. 나는 이제 알맞게 튀겨질 겁니다. 닫히지 않는 눈들을 힘껏 벌릴 겁니다.

─당신은 모를 겁니다. 알 수 없을 겁니다. 그러나 그것이 중요합니다.

─삶을 잘근잘근 소모하다가, 불현듯, 당신들이 살아 있다는 걸 예감할 때, 나 여전히 숨 붙어 있음을 증오하며, 애원하며, 노래를 부르겠습니다. 나 그것이 공명하길 바

랍니다.

—동쪽으로 가겠습니다. 내겐 '눈'도 '코'도 '귀'도 주어지지 않아 당신들을 기억하는 건 아주 짧은 일이 되겠습니다.

—얼마나 아름다울까요?

—사랑을 하겠습니다. 그것은 내 아명(兒名)이기도 합니다. 무수히 갈라지는 일에 익숙합니다. 때때로 쾌락으로 느껴지기도 합니다.

—동경합니다. 혹은 동정합니다. 나는 당신들을 볼 때마다 이런 생각을 떠올릴 겁니다. 그것이 내게 공포입니다.

—북쪽으로 가겠습니다.

—부디 평안하길 빕니다. 서로를 까맣게 잊어버리길 빕니다.

—도착하시겠습니까?

—당신은 모를 겁니다.

—안녕히.

—안녕히.

—원형이.

—영원히.

테디베어

몸
거대한

그것

최초로 건네받았을 때
쥐고 안고 행해보았을 때

나는 충만했고

그것의 눈
검고 맑고
깃들었다는 걸

볼 수 없어도 알 수 있었지

재봉사는 천천히 창을 열고 내가 나의 내부 풍경을 보게 했다 아름답지요, 섬유처럼 세밀하고 현 퉁기듯 생동하지요

뭐라고 대답했는지 기억나지 않는다 마취가 덜 풀린 탓일까

집으로 가는 길

어두컴컴했고 나는 버스 창가에 기대어 앉은 채였다 혀 내밀어 절개한 자국 핥았다 그것 발화 반복에 능하다

불현듯 외치고 싶은 말이 있었고 뱉었으며 말은 우레처럼 몸 안에서 울리고 퍼져 나갔다 덩굴이 살갗을 점유하였다

2부

플레이 리스트

 놀이터에는 아무도 없고 소년만이 모래밭에서 성을 짓고 있다.*

[Ctrl+] 소년

 소년은 믿어 의심치 않는다. 자신의 두 손. 다섯 쌍 손가락. 수십 개 뼈마디가 움직일 수 있다는 것을. 모래를 만지작거리거나 거기에 물 묻혀 무언가 만들 수 있다는 것을. 자신이 버석거리는 세계를 짓고 쌓고 무너뜨릴 수 있다는 확신에 차서 눈 반짝인다. 소년은 자신이 가진 권력의 크기를 가늠하지 못한다. 소년은 원하는 모양 나올 때까지 손에게 부수라고 명한다. 소년은 몸이 꾀하는 반란에 대해 모르고. 이 행위가 멈출 때 비로소 자신이 무(無)할 수 있다는 걸 모른다.

[Ctrl+] 손

 나를 물살이나 금 간 유리라고 불러주어도 좋다. 개인을 특정할 수 있는 가장 뚜렷한 증거로 현대 과학수사에 애용되는 나는. 신을 타인과 구별할 수 있는 가장 뚜렷한 증거로 그의 검지 말단에 그려져 있다. 지금 나는 신의 몸뚱이로부터 가장 멀리 뻗어진 채로, 그의 의도대로, 어떤 세계 무너뜨리고 있다. 누군가의 살점 결정 알알이 달라붙는다. 널리 멀리 퍼지고 싶어. 면적 넓히고 겹겹 쌓고 그리하여 신의 코끝까지 닿고 싶다. 이렇게 묻고 싶어 : 자, 이제 나의 이름을 말해봐. 신은 특정되고 싶은 욕망에 나를 새겨 넣었을 것이다. 살갗 속에 갇혀 있는 무수한 나의 손(孫)이 가엾다.

[Ctrl+] 성

나는 백성이다. 낮에는 축사에 들러 돼지들에게 풀죽 먹였다. 저녁에는 항정살을 녹이고 고아 만든 스튜 먹었다. 지금 나는 망연한 얼굴 한 채로 무너지는 성벽 앞에 서 있다. 정말 두려운 건 붕괴가 아니라 이후의 다시 쌓기다. 연속될 거라는 암묵적인 약속이다. 내가 저지른 너무 많은 관계에 사과하고 싶어. 그러나 그들이 어떤 언어를 사용하는지 나는 모르지. 우리를 있게 한 건 오로지 불통이었으니까. 흰 기둥이 상을 무너뜨리며 가까워지고 있다. 온다. 온다. 온다.

[Ctrl+] 티끌과 모래

…………

… …… …… …

……, …… … ……… ?

……… … … ??

* 송희지, 「몰딩」, 『싱크로나이즈드 스위밍』, 파란, 2023.

공이라 명할 수 있을 때까지

 코트 중앙에 떨어져 있는 농구공 하나. 고여 있다. 천천히 부서져 내린다. 누군가의 손에서 다루어진 적 있는 듯 살갗 까끌까끌 닳아 있고. 그 둘레 여름볕 뚝뚝 흐른다. 주변에 식물들이 자라난다. 조경사의 목적과 다른 방향으로, 다른 색으로, 무성해진다. 사람들이 코트 둘레를 지나치는 가운데 나는 우체통처럼, 먼지 앉은 벤치처럼 가만히 지켜본다. 그 공의 배경이 되어, 공의 껍질이 뜯기고 갈라지는 것을 보고. 후숙되는 것을 보고. 공의 안쪽에서 바깥으로 흘러나오는 공의 즙을, 공의 의도와 무관하게 뱉어진 그 자신의 말들을 본다. 무너져요. 무너져요. 무너져요. 나는 중얼거린다. 줄줄이. 끝도 없이. 사람들이 물살처럼 나의 주위를 지나치고 멀어지고. 나는 내가 온전히 공을 책임져야 한다는 사실을 안다. 이 순간 공의 세계에서 나만이 유일한 정물이라는 것을 안다. 공의 껍질이 부풀었다 가라앉길 반복한다. 호흡하는 것이다. 간신히. 기어이. 나는 나와 공이 눈으로 볼 수 없을 만큼 거대한 시간의 수중(手中)에 잠겨 있다는 것을 안다. 시간의 뜻에 따라 내가 보는 공이, 공이 보는 내가 달라지리라는 것을 안다. 번져가요. 번져가요. 번져가요. 나는 한때 이 공을 주우려 내

달렸던 어린아이의 이름을 안다. 공은 흐느끼고 뿌리처럼 바닥에 내린 나의 발은 굳건히 자리 지킬 의무를 다한다.

플라세보이펙트
—해병 캠프

그해 8월에는 용납되는 것이 많았다 소년들은 잠자리 잡다가 날개를 뜯고 머리를 떼며 먼 후일의 밤을 예습했다:

                      이렇게 하면 좋아할 것이다

우리가 모는 보트가 암초를 향해 나아가고 있었다 눈 감지 말라고 교관이 소리쳤다 똑똑히 보라고 너희들이 저지른 결과를

모든 것이 끝나자 그는 고개 숙였다 이렇게까지 될 줄은 몰랐습니다

            별 아래 나
            나 아래 그림자
            놓여 있다

            세워지는 입체

사람이 되고 있었다
되어가고 있었다

수몰 푸가
―목격자

그 방에서 오래도록

벗고
걷고
입고
잊고

수조의 유리 벽 사이에 두고 나는 우리를 본다. 뻐끔뻐끔 우리. 이따금 지느러미 들썩이는 우리. 물의 단층이 허물어진다. 사람들은 왜 우리가 두렵다고 할까. 텔레비전에서 예능 방송이 송출되고 있다 : 구역이 있다 배회자들 있다 서로의 이름을 떼어내는 것이 목적으로 이름을 잃은 사람은 죽는다. 죽어. 죽어라. 나의 귀 나쁜 말을 듣고 받아 적는다. 나는 뻐끔거려본다. 벽을 만져본다. 정력적으로 본다. 수조는 단단하고 틈 없이 건강하다. 이따금 밤이 수직으로 쏟아져도 무너지지 않는다. 우리가 물속의 밤을 전유하고 있다. 뻐끔뻐끔. 사람들은 왜 우리가 아름답다고 할까. 우리야 넌 언제까지 아름다워질 요량인가. 나는 지그시 목 뒤를 눌러본다. 귓불 늘여본다. 누군가 끝의 끝까지 살아남았다는 소식 들리고 그것은 온전하게 텔레비전의 음성이다.

플라세보이펙트
— 리플렉션

거울은 사물이 스스로 보지 못하는 어떤 구역을
그의 눈앞에 재현한다는 점에서 너무 많은
의미를 부여받았다. 거울의 말을 하기 위해 가장 먼저 당신이
해야 할 일은 혀를 자르는 것이다. 놀랍게도
거울은 그 순간, 그 자리에 단지 있었을 뿐이다.

보이는 것보다 가까이에 있었다
만물이

: 때때로 쿵, 하고 튀어나오는 것 있었다 쿵, 하고 놀랐다

끝이 각진 무쇠 스쿠프 들고
나의 소년들이

나를 퍼먹는 데 열중했다
창자가 다 얼도록

꿈이었고
깨어나면 나는 늘

두 팔을 활짝 벌렸다

          : 더 길어지도록

몸에 나를 비추면
깨져 있다

플라세보이펙트
—플레이 리스트

골든 샤워

태양 아래 나는
가로수처럼
탁자 위의 과육처럼

순종한다는 듯
받아들일 준비 되었다는 듯
멈춰 있었고요

쏟아지는 빛

따뜻해

             기억해

축축해

나는 더 달아지고 있습니다

방식 : 방치

그것은 특별하지 않은 어느 날의 기억이다 나는 수북했고 나는 두꺼웠고 나는 흘러 다녔고 나는 그해의 한 부속물에 덩그러니 있었다 나는 몸의 종자였고 배신자였고 몸의 명대로 볕 아래 선 채 몸이 나를 거두기를 기다리고 있었던 것인데

짓궂은 얼굴을 하고 나를 스쳐 가는 소년들 뛰어가는 소년들 어깨빵 어깨빵 계속하여도 정물일 것 정적일 것 몸은 말하고 있고 나는 단지 그 충돌이 만드는 순간의 의미인 것이다 통각인 것이다

소년은 나를 둘러싸고
소년은 소년의 세계 보여주고 싶어 하고
내가 거기에 발 들이기를 원한다 함께 저 공 걷어차기를 요구한다

나는 그럴 수 없음을 아는데
몸이 나를 설득한 까닭이다
설명한 까닭이다

내가 몸의 가장 돌출된 수사인 까닭이다

귀가 : 탈형

이것은 특별하지 않은 어느 날의 기억이다

여름 장미가
울타리를 잡아먹고 있었다
아름답도록

사람들이
그 앞에서 셀피 찍었다
자신이 행할 수 있는 최선의 포즈로

"나도 장미를 만들 수 있는데
극한의 극한까지 벌릴 수 있는데"

이런 생각

이런 나는
금기일 것이다

나는 집에 도착했고 어떤 택배가 현관문 앞 놓여 있는 것을 발견한다 종이 상자에 정갈히 포장되어 안쪽 보이지 않으나 나는 그것이 몇 주 전 내가 주문했던 그림이라는 것을 깨닫는다 내가 의뢰한 화가는 우연성과 무질서의 아름다움을 믿는 자로 평생에 걸쳐 자세-연작을 생산해온 인물이다 나는 나에 대한 연작을 의뢰했던 것이다

나는 나의 방으로 들어온다 숨죽여
상자를 뜯고 그림을 꺼낸다

몸은 앞서 움직인다

              뚫어져라 보고
몸은 명한다

나는 따른다 :

나는 내가 행할 수 있는 최선의 포즈로 찢긴다

크롭서클만들기

 나는 크면 정말로 음란 방탕 하게 살 줄 알았다 똥구멍 섹스 쾌락에 절어서 매일 남자를 바꾸고 초면인 네댓과 동시에 뒹굴고 박살 나도록 헐떡거리다 에이즈 걸려 요절 할 줄 알았다 세계가 나한테 그렇게

말해서

 내가 떠올리는 것은 규의 얼굴이다 밀밭처럼 구불구불한 체모나 립 밤 없으면 곧잘 부르트곤 했던 그의 건성 입술이다 열도 땀도 많던 손발과 그 축축함이 데려다주곤 했던 어느 늪, 생태 공원, 바글바글, 그곳 물풀 사이로 마주하곤 했던 둥글고 깊다란 검은자위들이다
 건대입구 함께 걸으며 여기서 우리 손잡고 가면 지나치는 행인들 한 번씩 뒤를 돌겠지 이 조명 이 색 들이 다채로운 총성 같겠지 농담하던 순간에도, 강릉 카페에서 해변 내려다보며 파도가 파도를 잡아먹는다 뜯고 삼킨다 현상 거듭된다 멈추지 않는다 서늘해져 서로의 구두코 맞대고 있을 때에도
 그것이 『두창』이나 『똥꼬충』 따위로 요약될 수 있음을

알고

　무얼까, 아름다움이란 게, 골똘히 생각하는 규의 곁에 앉아
　묵묵히 불을 피우던 일, 호랑지빠귀 울음소리, 젖은 풀냄새, 우리를 그러쥐던 어둠의 가난한 손 따위를
　회상하는 하루는 자꾸

　나를 소작농으로 있게 한다 손에 쥐어진 건 태초의 신의 음경 잘라낸 날붙이, 예로부터 잡곡의 머리 베는 데 쓰인 도구, 그러나 내 손안에서는 어쩐지 무용한 구식의

삶

상영되는

　별 아래의 빙하
　굳어가는 우유 같은
　끝을 모르고

넓어지는

답(畓)

지금 나는 수해가 잘 보이는 카페 창가에 앉아 규를 기다리고 있다 좀처럼 오지 않는 그를 노래하고 재현하고 그와의 미래를 한 겹 한 겹 뜯어보다가 한순간
 손이 베인다 피 떨어진다 울컥울컥 못을 만들고 파문에 파문을 열고 나는
 신음하지 않는다 눈 돌리지 않는다 그것이 몫이므로 겨우

전부이므로

섀도

 이 말랑한 재생 기계를 숨 다할 때까지 입안에 박고 살아야 한다는 사실이 두렵다고 내가 말했고 그러자 보초는 내게 그것이 다른 쓰임새로 사용될 수 있다는 것을 알려주었다

 물에 젖은 보초의 등줄기 반짝거린다 보초야 좋은 향이 난다 내가 말했고 좋은 입욕제를 쓴 까닭이라고 그가 대꾸했으나 같은 입욕제를 쓰고 난 뒤에도 내게선 어떤 향도 나지 않았다 보초는 나의 향이 짙다고 그랬다

 이따금 보초의 개 되어 끓는다 검고 윤기 도는 전신 라텍스 코스튬 입고 보초의 발밑에서 애걸하면 그가 나를 바깥으로 끈다 견인하는 그의 손에는 힘줄이 도드라져 보이고 나는 그가 최선을 다하고 있다는 걸 안다 우리의 유속이 견고하다

 공원으로 나오면 드문드문 사람이 있고 일정한 간격으로 빛 놓여 있다 보초를 따라 산책하며 나는 행인들의 말 듣는다 누군가 저편의 강을 보고 유해 같다고 미래 같다

고 하고 아무래도 매듭 같다고 나는 짖는다 강은 강일 뿐
이라며 보초가 웃는다

3부

우리는 오래전에 도착했고 소도였다 어두컴컴 젖은 레몬그라스 들판과 이따금 허공으로 솟구치는 폐어들

흙냄새

                                    산산이

흙냄새

                                    물끄러미

물냄새

                                    초점이

물냄새

                                    나직이

불냄새

                                    순간의

불냄새

***

　화마. 쏟아지고 있었다. 퍼뜨리고 있었다. 삼키고 있었다. 나는 내가 꾸민 세계를 보여줄 요량으로 형을 이곳에 데리고 왔다. 형은 나의 손에 애처롭게 묶여 있었고 눈앞

의 이 색은 내가 책임질 수 없는 이미지다.

　가까워지고 있었다.
　죽어.
　불이.
　죽어.
　이러다 진짜.
　죽어.
　불이.
　나는 돌아서려고 하는데,

　형이.

　나의 손을 놓지 않는다.
　나를 자꾸만 있게 한다 나의 명백한 형이.

루주

형이 딸기를 깨물고 있다.
유리로 된 것이다.

아그작아그작.

그것이 형에게
어떤 의미냐고

따져 물을 수도 있었으나 나는
겨우

"달아?"
물었고

"붉어"
형이 답했다.

***

붉어.

붉어.

붉었다.

거리가 온통 붉었다. 시장 골목이었고 정육점이 줄줄이 위치해 있었다. 수십 명이 뜯어 먹어도 남을 만한 몸뚱이가 도마 위에 올려져 있었다. 내부가 환하게 펼쳐져 있었다.

나는 거기서 서성이고 있는 형을 보았다. 나는 병원에 갔다가 돌아오는 길이었고 형은 그런 나를 마중 나온 것이다. 나는 먼저 형을 발견했음에도 곧바로 다가가지 않았는데 나를 기다리는 형의 모습이 볼만했기 때문이다. 형은 초조해 보였다. 외투를 바짝 여민 채 떨고 있었다. 거리의 붉은빛이 그의 낯으로 옮겨 가고 있었다.

형은 왜 정육점의 고기가 아닌가.*

그런 생각이 들 만큼. 형은 풍경 속의 정물 혹은 동물 어느 것도 아니었고 말하자면 풍경의 배설물 같았다.

붉어.

붉어.

조금만.

나는 조금만 멀리서 주시하다가 이내 형에게로 달려갈 생각이었다. 반갑게 알은체할 생각이었다. 그러나 형은 계속해서 초조해 보였다. 형은 초조함에 열중해 있는 것처럼 보였다. 형은 초조한 상태가 아니면 견딜 수 없는 것처럼 보였다. 내게 그의 초조함을 무너뜨릴 권리가 있을까? 그런 생각이 들자 나는 초조해졌다. 나는 견딜 수 없이 초조해졌다.

나는 형을 향해 손 흔들었는데
형은 보지 못했다. 형은 영영 초조해 보였다.
나는 겁에 질렸다. 나는 나를 허공으로 높이 던져 보였는데 형은 보지 못했다. 형은 영영 초조해 보였다.

나는 어쩌면 이 순간이 나와 형의 정의일 수도 있겠다고 생각했다.
정의는 발 없는 말뚝.
정의는 말 없는 닻.
나는 어쩌면 이 순간을 나와 형이 평생 동안 끌고 가야 할지 모른다고 생각했다.
 우리가 동물이라면.
 우리가 결국 동물이라면.

나는 엉엉 울었는데 나를 지나치는 행인과 상인과 노상 매대 위의 상품 들에 의하여 정갈한 현상으로 취급되었다.

***

형이 딸기를 깨물고 있다.
 유리로 된 것이다.

아그작아그작.

그렇지 우리.
 우리라는 건.

겨우
 그리 말할 수도 있었으나 나는

혀를 내밀고 있었다.

접촉할 때까지.
기관에서 기관으로
형이 내게 다 건네줄 때까지.

우리가 동시에
"붉어"라고
말할 때까지.

* 프랜시스 베이컨과 데이비드 실베스터의 인터뷰집 『나는 왜 정육점의 고기가 아닌가?』(주은정 옮김, 디자인하우스, 2015) 제목 변용.

오닉스

형은 나의 반어다.

수렵이 있었다. 대대적으로. 주로 외적인 측면에서, 많거나 부족하거나 이형의 것이 많이 잡혔다. 잡혀서 박피되었다. 대부호는 대부분 자랑할 만한 컬렉션을 가지고 있었다.

형은 욕조 속에서 뽀글거린다. 끊임없이.

거품은 수면에 도달할 때 유리의 질감 갖는다. 형은 천연덕스러운 공예가다.

형은 물의 저항으로부터 자유롭고, 물속에서 피루엣 피루엣 할 수 있다. 동쪽에서 서쪽 바다로 쏜살같이 헤엄칠 수 있다.

"그렇지만 형 너무 멀리 나가서는 안 돼. 형의 은색 비늘 탄력 있는 꼬리지느러미 시뻘건 아가미 다발을 들켜서는 안 돼."

매일 밤 더운물 받은 욕조에 소금 풀어주며 나는 이른다. 훈훈한 증기 속에서 흐릿한 상, 물그림자, 일렁이는 목소리일 뿐인

나는 형의 반인이다.

나와 형은 우울한 뱃사람과 사랑을 꾸는 해골의 입안을

떠도는 송가다. 오래전 기원하였으나 수천 년을 누군가의 입술 비강 속에만 머무른 까닭에 거의 다 잊힌 곡조다.

  방에는 오닉스 욕조가 있고 그 안 형이 있고 그를 지켜보는 내가 있다.

  욕조는 때때로 넘쳐흐르고 바닥 가득 제 피를 퍼뜨리는데. 때때로 증기만으로 방을 가득 메우는데.

  그런데도 그의 몸 한 번도 부족했던 적 없다. 끝까지 채워지지 않았던 적 없다.

  욕조는 방을 있게 만든다. 많은 것을 상상하게 만든다.

  욕조는 나와 형을 섞게 만든다.

  나와 형이 섞이면 찰박찰박, 찰박찰박, 쉴 새 없이 요철 맞물리는 소리 나는데 그때마다 나는 우리가 중창임을, 종이 위에서 평행하는 두 가닥의 성부임을 되새긴다.

***

나는 꿈을 꾼다.

아주 느린 꿈이다.

나는 미술관에 왔다. 세계에서 가장 이름난 미술관이고

명작만이 그곳에 걸릴 기회 얻는다. 안쪽은 무척이나 캄캄하다. 허하고 차갑다. 어떤 사물이 눈앞에 나타날지 알 수 없게 하려는 기획자의 의도 반영된 것이다.

그 관 머지않아 나타난다. 기다렸다는 듯.

관은 물로 가득 차 있다. 바다를 모방한 푸른색이다. 그 속 박제가 있다. 가라앉지도 떠오르지도 않고. 활짝 열린 채로 물속에 고정되어 있다.

나는 그것을 본다.

인위적인 파랑 뚫고 빛 발하는 은색 비늘. 축 늘어진 꼬리지느러미 펼쳐진 부채꼴 시뻘건 아가미 다발을 본다.

나의 오디오 도슨트는 이런 말을 들려준다 : 인어는 오래도록 인간의 욕망이었습니다 인간을 살아 숨 쉬게끔 했습니다 인간의 역사였습니다 이것은 우연히 발견된 인어의 반쪽입니다 다음으로 가면 인어의 창자와 쓸개 방광 성기 볼 수 있습니다 심장은 아직 발견되지 않았습니다

그 꿈은 아주 느려서 내가 나의 표정을 알아차리기까지 오래 걸린다.

까무룩. 꿈에서 깨면 나는 욕조 앞에 있다. 형이 물을 깨뜨리며 내게로 와 속삭인다.

얼마나 기분 좋은 꿈을 꾼 거냐고.
너의 뺨 기대하듯 발그레 달아올라 있다고.
나는 고개를 끄덕인다. 흠뻑 끄덕인다.
방은 협소하고 따뜻하다. 쏟아지며 쏟아지며 계속되고 있었다.

보드

나와 형은
느지막한 오후 당구장에서
3쿠션을 연습하고 있었다

운동하는 공들

충돌하는 소리 외에 적막

"이제는 물을 보고
가장 먼저 죽음을 떠올리게 되고

흰 천을 보면 깨지기 직전의 유리가 연상돼"

어떤 것을 견뎌내는 사람의 얼굴로
형이 읊조렸고

우리의 머리 위로
빛이 떨어지고 있었는데

모조된 것이다

"이것은 누군가에게
없거나 없어진 무엇으로써 염원된다는데

또 누군가는 이것으로
가해하고
가해받고

이것을 쥐고 있을 때 나는 더없이 간지러워
소양감이 든다"

중얼거리며
나는 창가에 기대어 서 있었고
형은 쪼그려 앉아 당구대 구르는 공의 궤적을 지켜보았는데

  우리를 종이에 옮겨 그리면 그 구도 뒤틀려 있을 것이다 인간의 솜씨일 것이다

우리의 전방에

테이블이 있다
테이블의 의미를 부정하기 위해 온 세계가 동원되고 있었다

금정포

 그때 나와 형은 차도를 걷고 있었다. 우리는 금정포에서 외식을 하기로 했다. 실로 오랜만의 일이다. 금정포에서 밥을 먹은 게 얼마나 오래전의 일인지 모른다.

 먼저 발견한 것은 형이었다.
 그는 길을 가다 말고 멈추어 서서, 뚫어져라 발밑을 내려다보았다. 나도 그를 따라 보았는데 차도의 새카만 바닥에 어떤 것이 눌어붙어 있었다. 자세히 보니
 그것은 새였다.
 새의 몸이었다.
 새의 죽음이었다.
 몇 대의 차가 그 위 지나다녔을지 알 수 없으나 그것의 얇기는 종이보다도 더한 듯했다. 그것의 표면이 미약하게나마 희지 않았더라면 나는 영락없이 그것을 길의 한 부분으로 보았을 것이다.

 형: 새구나.
 나: 아주 얇은 새야.
 형: 하얗구나.

나: 생전에는 눈부실 만큼 희었을 거야.

형: 이것이 날개고 이것이 다리구나.

나: 날개였고 다리였을 테지. 차가 오고 있어. 우리는 갓길로 비켜서야 해.

형: 기억나?

나: 차가 오고 있어.

형: 우리가 예전에 새를 길렀지. 그 새의 이름 기억나?

나: 차가 오고 있어.

형: 차가 오고 있어.

나: 초롱이였나? 졸랑이였나?

형: 초록은 아니었던 것으로 기억해.

나: 차가 오고 있어.

형: 우리는 그 새를 잃어버렸어. 새장을 살 돈이 없었기 때문에 수조 속에 넣어 길렀지. 바보 같은 발상이었어.

나: 돌아올 줄 알았어. 한번 수조 속에서 산 새는 영영 수조 속에서만 살 거라고 믿었어.

형: 차가 오고 있어.

나: 우리는 갓길로 비켜서야 해.

형: 그 새의 이름 기억나?

나: 그 새는 어떤 종이었지? 그 새에게 다리가 있었나? 그 새는 무엇을 먹었지? 그 새에게 날개가 있었나?

형: 체리는 아니었던 것으로 기억해.

나: 그 새는 희었나?

형: 날개였고 다리였을 테지. 차가 오고 있어. 우리는 갓길로 비켜서야 해.

나: 그 새는 희었어.

나와 형은 내려다보고 있었다. 그것이 우리의 발밑에 있었다. 우리의 정수리 위 천장이 거듭 변검하고 있었다. 경적 소리가 가까워지고 있었는데 우리 중 누구도 그것으로부터 멀어질 방법을 제시하지 못했다.

금정포

그때 나와 형은 금정포에 있었다.

그 사실은 우리를 더없이 기쁘게 했다. 정말로 오래전부터 우리는 금정포에 가기를 꿈꾸었던 것이다.

금정포는 동해 끝자락에 위치한 포구다.

금정포는 활발하고 건강하다―힘 좋은 어부들 곳곳에서 소금 포대 쇠 그물 생선 담긴 대야 어깨에 이고 다니고 그들의 구릿빛 피부 다랑어처럼 빛난다.

금정포에서 파는 모든 것은 탄력 넘친다.

우리는 회 한 접시와 이국의 패턴 새겨진 사기 종지와 종이컵과 타월 몇 장 사서 우리의 숙소로 온다. 그것 모두 저마다의 탄력을 갖고 있다.

"탐난다." 형이 말한다. 금정포의 탄력을 갖고 싶다고. 빼앗고 싶다고. 어린애냐고, 나는 웃는다. 가짜로 웃는다. 형의 눈빛 정말로 저지를 것처럼 흔들리고 있는 까닭이다.

"내가 이곳의 주민이라면 얼마나 좋을까?" 형이 말하고 "그건 우리가 외지인이기에 가능한 허영이야" 내가 말한다.

그렇다.

우리는 금정포의 외지인이고 금정포도 그 사실을 부정하지 않는다. 우리의 냄새는 금정포의 것과 다르다. 우리는 금정포의 이물에 지나지 않는다.

형은 딱딱 소리 나도록 회 씹어 삼키는데 나는 어쩐지 그것이 생존 수영의 한 동작처럼 보인다.

우리는 몇 차례 성교를 시도하고 실패한다. 이내 아무것도 하지 않고 잠들기로 합의한다.

어둠 속에 휘감기면 비로소 몸이라는 것이 실감 난다. 독자라는 것이 실감 난다.

완전히 잠에 빠져들기 직전, 형이 나를 뒤에서 껴안고 말을 건네는 것 같았는데 그것이 실제였는지 꿈속의 목소리였는지는 알 수 없다.

"있잖아. 나는 보았어. 나와 너는 금정포에 있었고 대구쯤과 막걸리 먹었고 금정포의 해변을 나란히 걷고 있었어. 나는 보았어. 햇볕이 네 가마 위로 쏟아지고 있었고 너는 찬란해 보였어. 너는 더없이 찬란해 보였어. 네 발끝 닿을 때마다 대답하듯 백사장이 반짝거렸어. 나는 보았어. 너는 사진을 한 장 남겨두자고 했지. 그 한 장으로 길이길이 이날을 추억하자고 했지. 하지만 나는 너 몰래 셔터를 누르지 않았어. 그 순간 너는 그곳의 사람 같았어. 아니 너는 금정포 같았어. 금정포의 내장 같았어. 네가 금정포를 떠나면 금정포는 혀 없는 하나의 빈 굴로 남을 것 같았어. 나는 보았어. 나는 바싹 질렸어. 나는 되풀이했어. 너에게 필요한 것은 나일까 금정포일까? 너를 필요로 하는 것은 나일까 금정포일까? 이 순간을 한 장으로 남긴다면, 그것 보며 두고두고 나는 묻게 되지 않을까? 너를 금정포에 놓아주지 않은 순간을 끊임없이 후회하게 되지 않을까?"

아침에 우리는 부스스한 꼴로 이부자리 정리했고 라면을 끓여 먹었다. 분리배출하고 숙소 나오자 한순간에 그곳은 다른 사람의 집 되어 있었다.

"길다." 나는 말한다. 우리는 차 안에 있었고 터널을 가로지르는 중이었다. 꽤 많이 지나온 것 같았는데 우리는 아직 금정포였다.

"즐거웠지?" 형이 물었다. 나는 고개를 끄덕였고 "언젠가 다시 왔으면 좋겠다" 중얼거렸다. 형은 대꾸 않고 묵묵히 차를 몰았다.

꽤 많이 지나온 것 같았는데 우리는 아직 금정포였다.

기쁜 일이다.

금정포에서의 체험은 추억이 될 것이다.

금정포에서의 체험을 추억으로 표백하기 위하여 우리는 또다시 많은 생을 함께 소모해나가야 할 것이다.

금정포

이상하지.
우리는 사실 금정포에 간 적 없는데.
돌아온 적 없는데.
금정포는 우리를 시진(視診)하는 늙은 의사의 이름이고
우리는 그를 증오하여
밤마다 인간의 말을 수군거릴 따름인데.

이상하지.
형아,
그런데도 허구가.
우리가.
시가 되다니.
노래가 되다니.

음력설

형아,
너의 고향에 잘 도착했는지 모르겠다.
밖에는 이토록 많은 눈이 내리고 있는데
기차가 고장 나는 통에 간이역에 머물지는 않았을지.
도중에 선로가 얼어버리지는 않았을지.
신년이다.
신년이야.
너도 떡국을 삼키며 한 살 더 먹었을지.
가족과 나가서 바깥을 보았을지.
나처럼 밤중에 산에 올라
집채만 한 공이 온 풍경을 토해내는 것을
환해지는 것을
용각류의 눈으로 보았을지.
너의 바람을 중얼거렸을지.
너의 고향에는
나를 아는 사람이 없지. 거기서 나는 발견되지 않은 종이다.
 형아 네가 그곳에서 나의 이름을 중얼거렸을지.
 누군가 그 뜻 물어 오면 "먼 나라의 사투리야" 둘러댔

을지.
  너의 친척들은 사사로운 이야기를 나누었을지.
  "애인이 있느냐" 묻고 너는 얼버무렸을지.

  형아,
나는 가족과 거실에서 텔레비전을 보다가
막 나의 방으로 들어온 참이다.
여행 예능이었다 :
한 남자가 소금사막 유랑하는 내용의.
사막의 물가에는 하늘이 다 비쳐 보였다.
나의 방은 작고 음습하다.
모든 것은 사실적으로 흐릿하며
방 바깥의 소리를 다 걸러내지 못한다.
그곳 한편에 웅크려, 이불에 몸 말고 찬 귤 까면서,
형아 세계가 우리의 삶을 옮겨 담는 화지 같다는 생각,
과하게 들릴까.
그러나 우리의 나라는 지금 하얗게 뒤덮이는 중이고
너도 네 고향의 길이 표백되는 것 보면서
비슷한 생각을 하고 있지는 않을지.

곱씹고 있을지 우리의 긴긴 역사를.
지금 내가 그리하듯이.

형아,
네가 내게 가해한 모든 짓을 다 적어내기 위해서는
세계를 통째로 빌려 와야 할 테다.
그 반대의 경우가 그렇듯이.

형아,
너의 고향에 잘 도착했는지 모르겠다.
네가 간다고 말한 그곳이 정말 너의 고향인지도 모르겠다.
구구절절한 타인이라서 우리는
끝도 없이 불신하고
증과 오와 무리 짓고
그러면서도 한 식탁에 앉아서
가시 바른 임연수어를 반쪽씩 가져가는데
그것이 삶이라고 억지 부리고
공중 화분을 문마다 걸고

번번이 실패하는데
정말 너의 고향이라는 것이 있을까?
너의 나라라는 것이 있을까?
나의 경우가 그렇듯이.
나의 방에서 나는 무엇도 믿을 수 없는데.
나 외에 주체하는 것은 하나도 남겨놓지 않았는데.
그러고 보니 언젠가
네가 내 방에 걸어 들어왔을 때
너는 어떠했는지.
너의 코끝은 바짝바짝 말라 있었을지,
공포로.
낯섦의 거센 악력으로.

형아 그때 너는 과연 어디까지 견딜 수 있었는지.

형아,
바라던 도착지에 잘 도착했는지.
가다가 하얗게 지워지진 않았는지.
너의 고향이 건네는 환대를

뚫어내고 나에게로 돌아오려는
의지는 아직 손발을 잃지 않았을지.
질질 백지를 갈라놓으며
돌아오는 너는 혹 알고 있지 않을지.
나 정말로 불가능한 호명인지.
나 언제까지 형 할 수 있을지.

신년이다.
신년이야.

형아,
나는 오늘 산에 올라서
일출 보며
혀끝으로
내 소원의 종지를 찬찬히 깨뜨려보았다 :
내 장례식에
네가 꼭 와주면 좋겠다,
네가 이미 죽었어도 와주면 좋겠다.
하고.

Homeplus

운전은 내가 한다.

형은 카트를 끈다. 카트는 아주 붉다. 형은 할인하는 상품들을 골라 담는다. 그거 집에 아직 남아 있잖아. 펄떡펄떡 생동하고 있잖아.

그런데도.

카트가 가득 찬다.

우리는 목표했던 것을 구한다. 집으로 돌아갈 권리 얻는다. 그럴 때까지 아무도 해 입지 않는다.

"어둡다."
"어둡지."

돌아가는 길, 차창 밖 내다보며 우리는 이런 말 나누는데 거기에 어떤 의미도 생략도 없다.

좌석들은 사실적이고 나란하다.

길 끝에 우리의 집이 있다.

가끔 그것이 마음에 든다.

4부

일기장

그해 겨울에는 사람이 죽었다.
여럿이었다.

나는 겨울을 향해 걷고 있었다.
나는 겨울을 가뿐히 찢을 수 있다고 여겼고
그러기를 지망했다 오래도록.

나는.

겨울로 가는 길에
많은 것을 보았다.
많은 새를 보았다.

새는.

흔한 상징. 낡은 상상.
새의 생태와 형상은
인간의 욕구를 자극했으므로.

나는 바란다. 새가 멀리 가기를. 정박 않기를.
나는 새를 앓는다. 깨진 새를 앓는다.

새를 오래도록 인간에 묶어둔 죄를 앓는다.

그러나 무색하게도 새는 내게로 온다.
견디라고 명한다.

냉동육 냄새가 난다. 냉동육 냄새가 난다. 새의 손아귀에 붙들린 채로. 어디를 돌아봐도 겨울이어서 나는. 사각사각 나의 낮 스테인드글라스처럼 저미어 바치고 있다.

공작소의 왕

Ambotamen currunt, hospes simul et domus una.
—그러나 집도 손님도 함께 흐른다.*

무엇도 돌아오지 않았다 |

그 배가 우리 곁으로 돌아왔을 때, 나는 나의 백성과 함께 성찬을 즐기고 있었고 모든 것이 충만하다고 여겼다.

무엇도 돌아오지 않았다 |

언젠가 현장 체험 학습 때. 나는 소고기 등심 구이를 넣은 도시락을 싸 갔다. 친구들 앞에서 자랑스레 도시락 뚜껑을 열어 보였고 다음 순간 눈에 들어온 건 도시락통 뒤덮은 희고 딱딱한 기름 덩어리였다.

무엇도 돌아오지 않았다 |

화원 가득 핀 수국을 보았던 것도 그날 소풍의 기억. 나는 오래도록 그 앞에 서 있었고, 나의 선생이 다가와 물었던 듯하다. 아름답니? 나는 끄덕였고, 선생은 또 한 번 물었다. 아름답지. 그러나 그것이 정말 좋은 일일까?

나에게는요.

그 순간 나는 그렇게 답했고, 그것을 두고두고 후회하며 기어이 삶을 이어가게 된다.

무엇도 돌아오지 않았다 |
학교 앞에서 팔던 병아리들. 염색된 종자들. 그 옆에서 머리 흰 전도사가 아이들에게 구약을 읽어주고 있었다.

무엇도 돌아오지 않았다 |
포켓몬스터 하다가도, 슈퍼마리오 하다가도 어머니가 저녁 먹으렴, 하고 부르면 곧장 바깥으로 달려 나갔다. 알맞게 익은 고기 냄새 풍겼고 그것이 사무치도록 좋았다.

무엇도 돌아오지 않았다 |
때때로 나는 굴복하는 것이다. 소꿉놀이하다가. 닌자놀이 하다가. 공룡놀이 하다가. 고양이놀이 식탁놀이 옥수수놀이 하다가. 변함없음 느끼고. 나를 놓아주지 않는 말캉하고 견고한 이 형식을 느끼고.

그런 면에서

시체놀이. 시체놀이는 정합적이다. 정적이고 희망적이다. 가만히 누워 있으면 뒤통수가 차근차근 뜨거워지는 것이다.

무엇도 돌아오지 않았다 |
명명하는 장난.
그것은 언젠가 원(院)에 있을 적 몸과 내가 함께 했던 것으로 지금의 나를 끊임없이 부끄럽게 만드는 지난날의 과오다. 그때 나는 믿음으로 충만했던 것이다.

무엇도 돌아오지 않았다 |
백골 같은 그 배의 하부를 보고 있을 때, 나의 입안 빵빵하게 가득 차 있던 것처럼.

무엇도 돌아오지 않았다 |
하교 시간에 가정통신문 건네며 나의 선생이 "주소가 어떻게 되니?" 물었을 때, 나는 천연덕스럽게 대답할 수 있었다. 안에 있을 때 나 가장 안전하다고, 고유하다고 믿는 어떤 곳을 부를 수 있었다.

무엇도 돌아오지 않았다 |
지금 나는 임차인으로서 이 성의 주인을 본 일 없다.

무엇도 돌아오지 않았다 |
최근 박물관에서, 떼 지어 죽은 자포동물의 사진을 보았다. 멈추어 서서 생각했다. 어째서 내가 이 속에 있을까? 어째서 그것이 이토록 당연하게 여겨질까?
후주(後奏)하듯. 내 뒤에서 나의 선생이 말했다.
그러나 그것이 정말 좋은 일일까?

무엇도 돌아오지 않지만 |
나에게는요.
있습니다.
없습니다.
있습니다.
없습니다.

그 모든 것 '가졌다'라는 말과 무관합니다.

무엇도 돌아오지 않지만 |

사람들은 인양된 배를 두고 이런 것을 논했다—만약 보수를 위해 그 배의 판자를 하나씩 새것으로 바꾼다면, 백 년 만 년 지나 모든 판자 새것으로 교체된다면.

그것을 계속 그 배라고 명할 수 있을까?

무엇도 돌아오지 않지만 |

나는 때때로 몇 겹이나 나를 벗겨내야 할지 생각해본다. 그러니까, 정말로 끝에 다다를 때까지.

중요한 것은 여는 것이다. 그러기 위해 이렇게 뺑뺑 구멍 많은 껍질 안에 나 있지 않을까?

나는 믿지 않는 사람인데 믿음만이 나를 하게 한다.

무엇도 돌아오지 않지만 |

벗겨내다 보면 바삭, 하는 소리를 들을 수 있는데 그것은 물기 없이 바싹 익힌 샤슬리크를 깨물 때의 것과 가장 흡사하다.

* 움베르트 에코의 『장미의 이름』(이윤기 옮김, 열린책들, 2009)에서 인용된 5세기경 로마 시인 심포시우스의 수수께끼.

농장

그때 나는

그때 (몸의 가장 극단적인 각주였던) 나는

식용으로 분류되었다.
그때 나는 농장 축사의 귀퉁이에 놓여 있었는데
 어떤 사내 매일같이 밤중에 찾아와 내 뒤통수 쓸어내리며 울먹이곤 했다.

>   희지야.
>   잊어.
>   아무것도 가두지 말고 다 잊어.

갈가리 내 귀에 속삭여주기도 했다.

그때마다 나는 눈앞의 사내를 유심히 들여다보았다.

눈앞의 사내야.
희지야.
그러니까.

너는 나와 무엇이 다른가?

눈앞의 희지에게는 점이 있었다. 눈두덩 밑에 갈색 반점을 두 개 반짝 박아두고 있었다.

눈앞의 희지는 영영 그 사실을 알아챌 수 없을 것이다.

그 사실이 오직 나를 만족스럽게 했다.

농장

언젠가 주인네가 농장에 시찰을 왔을 때, 나와 같은 식용들은 우리의 첨단에 다닥다닥 달라붙어 등을 굽히고 그들을 내다보았다. 무수한 주인네의 행렬 속에서 나는 가장 어린 소년을 찾아내었는데 얼굴이 반질반질하고 군데군데 도톰하게 살이 붙은 그 애는 낯섦에 대한 공포로 굳어 있었다. 주인네는 컹컹 꽥꽥 울부짖는 식용들 틈을 몇 바퀴씩 돌아다녔다. 연민과 고뇌로 자신의 얼굴을 장식했다. 나는 소년이 견디다 못해 행렬을 빠져나가는 것을, 농장의 외진 호숫가로 달려가 저 혼자 숨바꼭질하고 노는 것을 보았다. 소년이 눈치채지 못할 만큼 고요하게 그의 발뒤축에 밟혀 짓이겨지는 들풀들 보았다. 원한다면 나는 그에게 가까이 다가갈 수 있었다. 그에게 모든 것을 털어놓을 수 있었다. "당신을 내가 낳았습니다. 나와 남편이 낳았습니다. 우리 부부는 생물학적으로 남성이나 지금에 이르러 낳음은 그런 것에 구애받지 않습니다. 오래된 일입니다. 당신은 평생 배우지 못할 내용입니다." 그러나 나는 섣불리 다가갈 수 없었는데 나의 말이 소년을 얼마나 무너뜨릴지 알 수 없었기 때문이다. 소년에게 스스로 건축을 해낼 만큼의 아귀힘 있을지 알 수 없었기 때문이다.

나는 나무 위로 기어 올라가는 소년의 낯 환한 것을 본다. 웃음이 활짝 그의 만면 찢는 것을 본다. 그의 두 발 흙과 풀로 범벅인 것을 본다. "깨져요, 도련님." "모든 것은 틀림없이 깨져요." 바람이 농장의 생물들을 부드럽게 쓸어내린다. 소년에게서 멀리 떨어진 데 서서 나는 노래할 뿐이다. "되돌리듯이."

억만 노크

—I'm putting my queer shoulder to the wheel.*

Open Sesame! ¡ |
당신이 비로소 귀를 기울일 때, 나는 이야기를 멈추고 기꺼이 입술을 강어귀에 던져놓겠습니다.
그것이 올곧은 전기수의 의무이기 때문입니다.

Open Sesame! ¡ |
참조한 목록—목탄, 브라운그레이 컬러 일기장, 와해된 형태의 유리잔, 뭉쳐진 휴지, 한 선 그리기 기법으로 창작된 얼굴 그림 프린팅된 무제 노트 세 권, 대야동의 빛나는 외국어 간판들, 디지털 사진과 영상 들, 무덤들, 검암동의 정갈한 묘목(墓木)들.

Open Sesame! ¡ |
미술 입시 학원이 딸린 상가 건물 화장실에서 처음 남자와 입 맞췄을 때, 나는 그 맛이 파라핀과 가장 비슷하다고 여겼다.

개천절이었고, 그때 나는 열여섯이었다.

Open Sesame! ¡ |

어려서부터 내가 일기를 썼던 이유 : 나는 글을 길고, 빽빽하고, 깊숙하게 쓰는 데에 일찍이 재주 있었으므로.

무엇보다 일기 숙제 검토하던 나의 선생이 유선 공책 귀퉁이에 적어주는 칭찬이 좋았으므로.

털이 굵어지기 시작하면서부터, 일기는 나의 비밀스러운 창구였다. 일기 속에서 나는 더없이 얄따랬다. 좋아하는 남자아이가 있었다. 그 애 이야기를 쓸 때 나는 꾸밈 없었다.

Open Sesame! ¡ |

기억에 남는 이미지 : 급식을 먹고 돌아온 교실. 나는 나와 가까웠던 아이들이 한데 모여 있는 것 본다. 그들 손에는 내 일기장이 들려 있고. 너 진짜야? 너 진짜 그거야? 키득거리며.

얘들아, 내가 엄청난 걸 알았어. 옆 반으로 뛰어가는 녀

석들.

Open Sesame! ¡ |

어렸을 때 천변을 자주 걷곤 했는데 홀로 사색에 잠기기 위함이었다. 가끔씩은 그곳을 걷기 위해 학교도 빼먹었다.

그곳에서 좋아했던 아이에 관한 일기도 썼던 것이다. "방파제는 없는데, 보인다. □를 닮은, 내 시야에 한 번도 모습을 비추지 않는 방파제."

몇 년 뒤 나는 그곳을 어떤 남자와 함께 걷게 된다. 그는 내게 사랑한다고 말한다. 사람이 없는 공터에 이르면 내 바지춤에 손을 넣는다.

나는 물이 타들어가는 것을 본다.

그것이 마냥 좋았다.

Open Sesame! ¡ |

언제지? 그는 나의 두 손 부서뜨릴 것처럼 부여잡은 채로, 내가 버둥거리고 일그러지는 것을 느긋하게 지켜보다가, 쌕쌕 숨 몰아쉬다가, 이내 천진난만한 목소리로 넣고 싶다고 했다. 나는 울었다. **언제지?** 그러자 그는 진심이 아니었다고, 네가 강제로 하는 걸 좋아하는 줄 알았다고 말했다. 쉼 없이 말했다.

머지않아 나는 그를 용서했다. **언제지?**

Open Sesame! ¡ |
나는 그와 결혼하고 싶었다.

식을 올린 뒤, 빅아일랜드의 활화산 중턱에 마주 서서 영원토록 서로에게서 도망할 수 없다는 사실을 실감하고 싶었다.

Open Sesame! ¡ |
망둑어가 내 몸 위를 긴다. 입안 가득 알을 깐다. 새끼들이 관을 타고 멀리멀리 퍼져 나간다. 나는 오직 "넓다"라고만 느낀다.

넓다……

나는 그 의미에 능숙하다. 나는 그 꿈에 능숙하다. 그 꿈은 나의 오랜 습관이었으며 어쩌면 태어나기 전부터 그 꿈을 꾸었으리라고 짐작했던 적도 있다.

Open Sesame! ⅰ │

상담의는 내게 다음과 같이 말해주었다.

"뜨겁습니까? 괜찮습니다. 그것은 단지 뜨거운 것을 만지고 난 뒤의 상태에 지나지 않습니다."

상담의는 내가 나의 병증을 구체적으로 모르고 있다고, 또한 모르기를 바라고 있다고 했다. 나는 그의 쌍꺼풀 없는 눈매와 인중의 푸른 수염 자국이 매력적이라고 생각했다.

Open Sesame! ⅰ │

닫힌 문을 발견한 건 아주 어릴 때였다.

나는 거울 앞에 서서, 팬티를 발목까지 내리고, 나의 장골 부근에 생겨난 넓고 푸른 반점을 응시했다.

"안쪽에는 무엇이 있어?" 묻자 문은 "법정이 있어" 대답해주었다.

도시가 있고 천체도 있다고 했다. 나는 낮고 희붐한 문의 목소리가 듣기 좋다고 생각했다.

Open Sesame! ⅰ │

이제 나는 어렵지 않게 나의 몸 안팎에서 닫힌 문을 발

견할 수 있다 : 다려놓은 셔츠에서, 어금니 금박에서, 마시려 집어 든 물컵에서, 초리소(chorizo)에서, 배꼽에서, 공원의 시궁쥐 사체에서, 손톱 밑에서, 귓바퀴 뒤에서, 귀두 둘레에서, 산길에 남은 발자국 틈에서, 물결무늬 식탁과 의자와 식기에서.

최근 병원에서 내부를 촬영한 적 있었다. 상담의는 내게 내장에 흰 무언가 가득 차 있는 사진을 보여주었다. 닫힌 문이었다. 그들 알상자처럼 우글우글 모여 있던 것이다.

Open Sesame! ¡ |

언제지? 그는 내가 생각이 지나치게 많아 보인다며, 무언가를 속에 담아둘수록 병이 날 뿐이라고 말해주었다.

"담고 있다기보다는, 품고 있는 거야."

내가 말하자 그는 실없는 소리 말라는 듯 웃으며 고개를 돌렸다. **언제지?** 나는 종종 "사랑해" 하고 말하는 동시에 그를 살해하는 상상을 하곤 했다.

Open Sesame! ¡ |

그러니까, 정말로, **언제지?**

이제는 그 모든 일이 너무 먼 과거인 것만 같다.

언젠가 보았던 가죽 책 속의 삽화나 로맨스, 독립 영화 속 한 신에 지나지 않는 것만 같다.

Open Sesame! ¡ |

나는 가끔 내 몸의 안팎에 있는 모든 닫힌 문이, 일제히 열리는 상상을 한다. 번쩍. 쾅. 킬라우에아(Kīlauea)처럼.

폭발하는 치어들.

모든 것이 검은 물에 잠긴다. 잠겨서 타들어간다.

있음과 없음 가릴 것 없이. 공평하게.

Open Sesame! ¡ |

그러면서도 동시에 나를 포함한 무엇도 다치지 않았으면—곯고 굶지 않았으면 하고 바란다.

Open Sesame! ¡ |

내가 기억복원재생장치를 부술 수 없는 이유 : 내가 그의 불결한 하인이어서, 그의 부름 있기까지 나는 단지 하나의 화농성 돌기에 불과하므로.

그것은 기억복원재생장치가 나를 부술 수 없는 이유와 완전히 같다.

부서뜨릴 수 없어서 악수는 무한해지는 것이다.

Open Sesame! ㅣ ㅣ

"말을 하세요. 거듭하세요. 그것이 전부입니다."

국경일에 역사 앞에서 만난 포교인은 내게 다음과 같이 말해주었다.

---

* Allen Ginsberg, 「America」.

기억의 습작

1학년 때, 나는 학급 문집 '장래 희망란'에 다음과 같이 적었다—시인.

2학년 때, 나는 논밭에서 찾아냈다—살 한 점 없이 파먹힌 채 남겨진 물오리 한 구. 그 앞에서 나는 중얼거렸다. 여기에 있었구나.
나는 되찾았다고 생각했다.

3학년 때, 나는 처음으로 동화를 썼다. 곰돌이가 그려진 연두색 유선 공책 한 권에—제목은 "꿈꾸는 곰".

4학년 때, 교정 화단에 줄지어 심어진 빨간 튤립을 관찰하면서, 나는 짧은 시를 썼고, 불현듯 뺨을 맞고 싶었다. 죄 고하고 애원하고 싶었다. 피어날 때까지.

5학년 때, 검고 구불거리는 뼈가 몸을 뚫고 나오는 것 보면서, 내게는 살아 있다는 것이 고운 말 프로젝트*만큼이나 기이해졌다.
입 열 때마다

마른 잎이 쏟아졌다. 우수수. 초대장이었다. 그로 말미암아 나는 내 가장 깊숙한 곳에 있는 나의 정원의 존재를 알았다.

여기에 있었구나.

나는 되찾았다고 생각했다,

6학년 때, 나는 건전한 동성애자가 되겠다고 마음먹었다.

* 한 쌍의 싹 튼 양파가 있다. 하나는 고운 말 양파. 하나는 나쁜 말 양파. 고운 말 양파에는 고운 말만을, 나쁜 말 양파에는 나쁜 말만을 들려준다. 나쁜 말을 들려주는 것이 식물의 생장에 부정적 영향을 미친다는 가정 아래 이루어지는 실험이나, 그 실험 끝에 소름 끼치도록 무성하게 자라 있던 것은 언제나 나쁜 말 양파였다.

농장

울타리를 따라 만개한 수국. 청색 향내.
바람 불 때마다 물길 만드는 잔디들. 물푸레나무의
드러난 뿌리. 버드나무의 근사한 휘어짐. 우유 단내.
숯불 탄내. 과묵한 호수. 수다스러운 수석들.
뚫는 빛. 꿰는 빛. 묻는 빛. 끌어안는 빛.
곳곳 반짝이는 웅덩이들과 그 안 우글우글한 유생(幼生)들.

이러한 장면들로만 농장을 묘사할 수도 있었을 것이다.

농장은 농장의 그 어떤 자손보다도 정력적이다. 펄떡펄떡. 그의 비대한 장기들 날마다 다 타버릴 듯 뜀박질하는 것이다.

우리는 그 충격을 나눠 견딘다. 전력으로. 죽거나 살면서.

한편 농장이 농장을 견디는 소리는 너무나 고요해서, 나로 하여금 잠시간 다음과 같이 믿게 만든다.

어떤 불화도 일어나지 않은 것만 같다.

『나』가
우리의
순간적인 증상인 것만 같다.

미세하고 단단한, 광택이 있는, 바스라지거나 휘발되지 않는, 오래오래 보존되는

 나는 방파제의 둔덕에 서서 뭍으로 걸어 나오는 너를 보고 있어. 너는 흠뻑 젖어 있고, 어떤 말을 뱉고 싶은 듯 볼을 천천히 부풀리고 있어. 나와 너는 가까워지고. 맞닿고. 혀를 밀어 넣는데—다음 순간 너는 내 목구멍에 눈부신 고체들을 쏟아 넣기 시작해. 합성수지야. 나는 플라스틱구토하고, 너는 그 장면이 감명 깊다는 듯 오래 바라봐. 너는 플라스틱눈물 흘리고, 나는 플라스틱침 개처럼 뚝뚝 떨어뜨려. 플라스틱이 전염돼. 플라스틱동화돼. 너는 네가 물속에서 눈을 떴을 때, 시야에 들어왔던 모든 생물에 대해 설명해. 그들의 뱃속 하나같이 플라스틱으로 가득 차 있었다고 해. "플라스틱이란 생의 증거구나 건축이구나" 생각했다고 해. 나 또한 내륙에서 보았던 것에 대해 말해. 플라스틱은 비단 안쪽에 쌓이는 것뿐만이 아냐 겉이 될 수도 있다고, 흐르는 모든 것의 방향을 가둘 수 있다고 해. 포장의 신이라고 해. 깔끔하게 포장된 죽음들. 플라스틱죽음. 플라스틱죽음죽음들에 대해 얘기해. 나와 너는 계속해서 플라스틱을 흘리고, 멈추지 못하고, 벼룩만 한 플라스틱들 반짝이며 발밑에 쌓여가. 나와 너는 이 순간을 숭배해. 나와 너는 플라스틱신도 돼. "정말 세계에 그렇게 많은 죽음이 있어?" 말하며 너는 애도를 하고 싶어 하는데, 나와 너 중 누구도 애도를 몸에 가두지 못해. 플라스틱 아니기 때문이야. 나와 너는 블루해지지. 배후에 펼쳐진 바다의 색조처럼. 바다는 더없이 반짝거리고 있고, 나와 너는 그것이 플라스틱의 광택이라는 것을 알아. 나와 너는 이제 플라스틱으로 세계를 이해해—그러나 여전히 우리는 플라스틱 플라스틱 쏟아지고 있구나.

나의 시의 전경

나는 신호등을 깨뜨리고 싶다.
    그걸 위해 태어났다고 생각한다. 지금 나는 사거리 한 구역의 무리 속에 서서 건너편의 붉은 안구를 지그시 노려보고 있다.
나는 신호등을 깨뜨리고 싶다.
    차들은 예의 있게 사람 무리를 지나쳤고, 컹컹 짖었고, 저들끼리 행렬을 짓고 뒤섞이곤 했다.
나는 신호등을 깨뜨리고 싶다.
    보는 이들 입 모아 그것을 쿠키 도나 질척하게 녹은 코튼캔디라고 말할 때까지.
    그것 입속에 쓸어 넣고 파삭파삭 씹고 싶다. 혀끝으로 은근하게 굴리고 싶다.
나는 신호등을 깨뜨리고 싶다.
    "멈춰." 신호등은 말하고 있다. 나는 숨 제대로 가눌 수 없는 채로, 손끝 하나 까딱일 수 없는 채로 붉은 세계 속에 똑바로 세워져 있다.
나는 신호등을 깨뜨리고 싶다.

그렇다고 신호등의 권력을 물려받고 싶
다는 것은 아니다.
나는 신호등을 깨뜨리고 싶다.
그렇다고 신호등을 사랑한다는 것은 아
니다.
나는 신호등을 깨뜨리고 싶다.
신호등이 사라진다면…… 혼란이 있을
것이다. 수차례 죽음과 애도 반복될 거다
실패할 거다 질서를 잃은 차들 덩굴식물처
럼 사방으로 쏟아질 거다.
나는 신호등을 깨뜨리고 싶다.
그러나 언젠가 상황은 좋아질 것이다……
차와 사람들은 신호등 없는 세계의 규칙에
따르고 타협할 거다 고요가 물 위의 파문을
잘근잘근 무너뜨리듯이.
나는 신호등을 깨뜨리고 싶다.
내가 나를 차근차근 파괴하듯이.
나는 신호등을 깨뜨리고 싶다.
나의 눈은 태초부터 나에 대한 싫증을 앓

왔다. "멈춰." 타이르듯 말하곤 했다.
나는 신호등을 깨뜨리고 싶다.
  도시의 건물들은 많은 눈을 가졌다……
통풍과 채광을 위해 설치한 수백 개 각진
안구들 이따금 날카로운 빛에 찔리는 것을
본다.
나는 신호등을 깨뜨리고 싶다.
  온 눈들에 새겨주고 싶다, 사람이 순식간
에 터져 나가는 광경을. はなび. はなび. 불
꽃놀이를.
나는 신호등을 깨뜨리고 싶다.
  "멈춰……"라고 내가 먼저 말할 수 있다
면. 그럴 수만 있다면.
나는 신호등을 깨뜨리고 싶다.
  언젠가 나는 나의 붉은 세계를 사랑할 것
이다.
나는 신호등을 깨뜨리고 싶다.
  나는 한 사람을 만나러 가는 길이다.
  그는 이 도시의 아름다움을 믿는 이이며

언제나 올바르고 정교한 언어들로 나를 설득한다.

5부

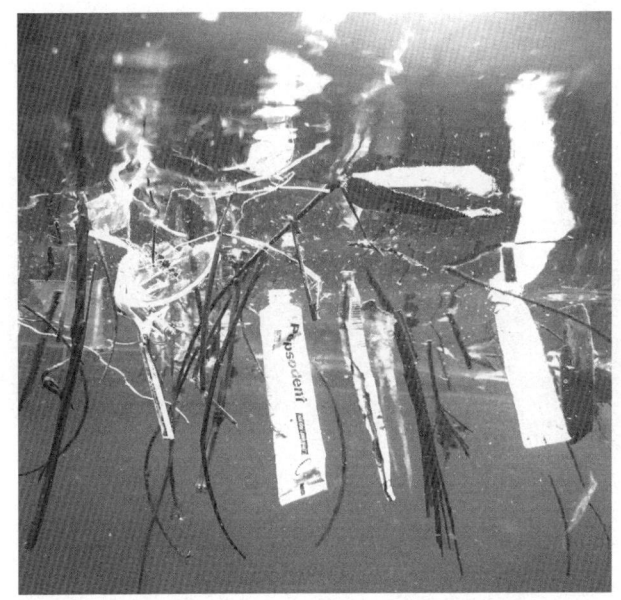
ⓒNaja Bertolt Jensen

S로부터

질문†

† 나는 왜 이곳에 있습니까? 자꾸 이곳입니까? 이곳은 이국도 영겁도 아
니고 몇백 년 전 건국되어 수 세기에 걸쳐 마모된 성인데, 내가 없어도 이
곳은 이곳인데, ~~나는 왜 이곳~~에 이곳은 왜 나에 있습니까? 왜 이곳 없으
면 나도 없습니까? 이곳은 상업경제지구인데, 이곳은 숲의 한 수도(隧道)
인데, 이곳을 걷어내면 내가 나오지 않는데, 나를 걷어내면 왜 이곳입니
까? 이곳이 나의 안쪽이라면, 피 없는 형제라면, 나는 이곳과 사랑하고
혀 섞을 수 있겠습니까? 합법입니까?

그해, 후쯔에서

 나는 보고 있었다. 사랑—하는 소년들을. 모래알 등딱지 가진 소년들을. 피냐콜라다. 피냐콜라다. 흘러내리는 여름 해. 인간의 모양을 한 바다를.
 소년이 소년을 사랑할 때마다 해변이 깨져. 만이 다 깨지고 온 시(市)가 구겨져. 그 장면은 어떤 신화처럼, 전쟁처럼 보인다. 뒤엉킨 소년들. 딥*하는 소년들. 그 장면은 수 대에 걸쳐 방치된 저택 같다. 담벼락의 넝쿨들, 곳곳 쥐의 굴들, 이어 그 집 바닥을 구르는 단 하나의 오렌지. 생생한 오렌지. 오렌지의 씨알만 한 과육들, 깨물면 한꺼번에 터지는, 한입 가득 숲을 씹는 듯, 그 모든 감각이
 파도처럼 몰아칠 때. 소년이 소년을 사랑하고 세계가 깨져. 산란하는 성질의 광물 발밑에 쌓여. 피냐콜라다. 피냐콜라다. 나는 소년들을 보고 있었다. 발광하는 소년들을. 틀림없이 인간인 소년들을. 그것은 지나치게 해상도 높은 이미지여서 나에게로 오지 않았다. 나 그 속에 들어가도록 허락하지 않았다.
 그것은 나를 슬프게 했나? 기쁘게 했나? 섬뜩하게 했나? 기억나지 않는다. 꿈에서 깨어났을 때 나는 방 안에 있었고 몸에서는 오래도록 사용된 호구의 냄새가 났다.

냄새가 방 안을 넓혔다. 서서히 넓히고 있었다.

* 보깅의 테크닉.

그해, 후쯔에서

너는 나에게 넣었다. 쥐를. 정력적으로 몸부림치는 쥐를. 나는 정물처럼 누워 쥐가 내 몸의 통로 돌아다니는 것을 느꼈다. 내벽 갉는 것을 느꼈다. 새끼 치는 것을 느꼈다. 파출소 세우고 성을 쌓고 교회 짓는 것을 느꼈다. 광선처럼 나를 뚫고 기어이 바깥으로 흘러나오는 것을 느꼈다. 나는 돌아오리라고 여겼다.

언젠가 나는 텅 비어 있었다. 고개를 들었을 때 네가 없어서, 나는 나의 손가락들을 들여다보았다. 바글바글한 돌기들을. 그것이 나의 최선이었다. 나의 생활이었다.

그해, 후쯔에서

 나는 창문에 내가 맺혀 있는 것을 보았다. 나는 한 번도 내가 풍경이라고 여겨본 적 없는데. 저 문은 왜 내게 명하는 걸까.

 이런 경험을 형에게 이야기했더니 그건 아주 흔한 과학적 현상이라고 말해주었다. 너도 창문도 그런 현상의 총체라고.

 그런데 나 보았어. 창문에 갇힌 나의 눈 속. 똬리 튼 뱀을. 그건 무섭도록 정적으로 꿈틀거려서, 세찬 불길 같기도, 자정의 유성 같기도 했어.
 뱀이 나를 천천히 거두고 있었어. 뱀은 여전히 내 눈 속에 있었는데. 나는 뱀의 뱃속에 든 식사 같아 보였어. 그를 보고 굳은 돌처럼 보였어. 뱀의 증상 같아 보였어.

 그래서,
 패배한 것처럼 보였어? 형이 물었고 나는 고개를 저었다. 그럼 됐어. 너는 겨우 그런 장면의 총체라고. 형이 말했다.

그해, 후쯔에서

신원 불명의 사람을 맞닥뜨렸다. 사람이 종종 사라지는 숲속이었다. 그는 나무에 목매달고 있었는데 대롱대롱 흔들리는 그의 머리통 푹 익은 과육처럼 보였다. 나는 입속에 감도는 단내를 느꼈다.

> *언젠가 내가 서 있었지.*
> *파과들이 질퍽질퍽 떨어지는 동산의 복판.*
> *내 발치에 쌓여가는 담.*
> *너무너무 튼튼한 내 머리.*

나는 사람을 끌어 내렸다. 그의 얼굴을 살펴보면서, 나는 그가 당연히 나일 거라 여겼다. 그러나 그는 내가 아니었고, 나는 걷잡을 수 없이 두려워졌다. 나는 숲을 반으로 접었는데 오래도록 손대지 않아 녹슨 문의 경첩 소리가 났다. 숲을 바지 주머니에 넣자 묵직했다. 소중하고 분명했다.

숲의 무게를 끌며 골목 끝으로 나아갈 때, 나의 코끝은 갓 구운 브리오슈 냄새를 맡았다. 과자점이 있었다. 기다리는 줄 길었다. 모르는 얼굴들 유리 벽 너머에 무늬처럼 우글거렸다.

        모두 나를 보고 있구나, 하고 생각했다.
          어이. 까맣게 젖은 내 발.

그해, 후쯔에서

 콩포트. 향긋한. 콩포트. 냄비 속 끓는. 콩포트. 잠시라도 젓지 않으면 눌어붙는. 콩포트. 계속되는. 콩포트. 파과로 만드는. 콩포트. 냄새로 방을 짓는. 콩포트. 서정적인. 콩포트. 파괴적인. 콩포트. 폐허에서 졸이는. 콩포트. 푸르고 흰 불꽃 날개. 콩포트. 솟구칠 것 같은. 콩포트. 도돌이표 부러뜨린 노래 같은. 콩포트. 네가 좋아하는. 콩포트. 네가 증오하는. 콩포트. 이 천사를 내가 다시 젓고 있다는 건. 콩포트. "어떤 모양도 갖지 말아" 으깨고 있다는 건. 콩포트. 소용돌이. 콩포트. 잉걸 설탕. 콩포트. 피크닉 나락. 콩포트. 이것을 나는 나보다 무방비한 마을 복판에다 풀어놓을 것. 콩포트. 뜬눈으로 천천히 지켜볼 것. 콩포트. 폐허에서 토하는. 콩포트. 젓는 손을 만드는. 콩포트. 젓는 나를 이끄는. 콩포트. 포효하는. 콩포트. 하나 결코 밖으로 넘치지 않는.

그해, 후쯔에서

    나는 나의 왼쪽 얼굴을 증오했다. 하게 되었다. 나의 정원을 거닐고 있을 때. 내가 오전 7시일 때. 아모르포팔루스 티타눔* 만질 때. 붉은 벽돌 쌓을 때. 줄지어 가는 개미들 볼 때. 그들의 단단한 등에 기대어. 실려 가는 축 늘어진 몸뚱이 되어. 올려다볼 때.

    하늘……
    은빛 비늘

    더듬어보고 싶은
    ……슈거 글라스

    언젠가

    사거리. 맞은편 건널목에 서 있는 너를 보았을 때. 나는 네가 내 몸의 증거라고 여겼고, 그렇기에 당연히 내 쪽으로 다가오리라고 생각했는데.
    너는 제자리에서 불길처럼 사라졌고. 내게 불의 춤을 추도록 명할 뿐이었지. 활활 굴러라. 불어라. 불어나라. 나는 나의 왼쪽 얼굴이 이따금 나를 요리한다고 느낀다. 치덕치덕 반죽하고 튀겨낸다 느낀다. 활활. 나는 나의 왼쪽 얼굴을 고용했다. 반대쪽과 달리 쌍꺼풀 짙고. 점이 두 개 박혀 있는 이 낯선 손님을.

* 열대지방에 서식하는 천남성과 여러해살이풀의 일종. 식물 중 가장 큰 알줄기를 가진 것으로 유명하다.

그해, 후쯔에서

 이제는 누군가가 죽었다는 소식이 들려도 무감하게 되었어. 하나가. 여럿이. 떼거리로. 그때 나는 호텔에 있었다. 벽을 걷으면 파란 밤이 우유 막처럼 일렁거렸다. 만지면 손끝 검게 얼었다. 나는 이 호텔을 사랑했다. 이튿날 이 호텔에서 물러나야 한다고 지침 받았으나 글쎄, 호텔을 위해서라면 기꺼이 반역을 할 수도 있을 것 같았다. 나로부터 호텔을 멀어지게끔 하는 시간의 유연한 팔에게, 이따금 비보(悲報)를 쥔 채 내게로 경중경중 달려오는 그 칼에게 "싫어"라고, "이제 너를 사랑하지 않게 되었어"라고 말해줄 수 있을 것 같았다. 그럼에도 그가 물러서지 않는다면, 몸이라는 걸 써서, 최대한으로 뻗어서, 싸울 수도 있을 것 같았다. 나는 그 싸움을 자주 상상하고, 그 장면에 자주 들어가본다. 그리고 언제나 압패당한다. 호텔은 나를 떠나고, 나는 빈집 되고, 나보다 작은 것이 내 안에 입주한다. 그때의 나를 걷어보면 파란 막이 출렁거릴 것이다. 나는 바다 될 것이다.
 그러나 그것은 아직 미래의 일이다. 나는 호텔에 있고, 호텔을 사랑하고, 때때로 이런 생각을 할 뿐이다—내가 무엇 때문에 이 호텔에 오게 되었나. 그때 내가 고사리손으로 쥐었던 어느 성인의 크고 두꺼운 손을 기억하지만. 이제 나는 눈앞의 일이 아니라면 더는 죽음을 믿지 않는다.

그해, 후쯔에서

나는 네댓 명의 어린아이에게 팔 붙들린 채 앞으로 앞으로 끌려가고 있었다. "아버지. 그동안 어디 가셨던 거예요. 무엇을 보고 오신 거예요. 우리의 집으로 가요. 겉모습 어째서 그렇게 늙어버린 거예요."

나는 생각했다. 이 아이들에게, 내가 너희의 아비일 리 없다고 말할 수 있을까? 이제껏 단 하나의 세계도 만들어본 적 없다는 사실을 이해시킬 수 있을까? 답을 내리지 못한 채 나는 끌려가고 있었다. 말없이. 힘없이. 아이들은 은종처럼 높은 소리로 웃었고 길목 가장자리의 들풀 갈수록 무성해졌다. 길이 점점 가라앉고 있었다.

그해, 후쯔에서

 나와 형은 서로를 등진 채 누워 있었다. 알몸으로. 우리가 위치한 침대는 너무도 희고 구김이 없어 아무도 발 들이지 않은 북해도의 눈밭 같았다. 손발 끝이 언다. 무른 것이 단단해진다. 결정(結晶) 된다. 우리는 왜

 껴안을 수 없을까. 껴안자고 말할 수 없을까. 우리는 오래전 혼인하였고 계약으로 몫을 넋을 묶은 사이인데. 어째서 잠들기 직전에 우리는 두 개의 몸 되어버릴까. 입 없는 머리통을 데굴데굴 스노볼처럼 굴릴까.

 숨을 쉬면 흰 천이 흘러나온다. 천이 얼굴을 닦아준다.

 담요 뒤집어쓴 유령 같은 꼴. 한데 이토록 단단한 몸이라니.

 우리가 누운 눈밭 불식간 떨어져 나간다. 유빙으로 흘러간다. 어둑하고 적막한 물살 가르며 우리를 화살촉으로, 목양견으로, 테세우스 배의 검은 돛으로 보이게 한다.

 그래서,

 패배한 것처럼 보였어?

 나는 떠올린다. 떠올리면서 흘러간다. 문득 배후에서 뒤척거리는 소리가 난다. 도리질은 형의 오래된 잠버릇이며 형이 눈 푸른 새에 쫓겨 하늘을 내달리는 꿈을 꾸고 있다는 신호다.

그해, 후쯔에서

나는 보고 있었다.

나는 오래전 몸으로부터 떨어져 나온 눈이었다. 검은자위를 세로로 찢고 쏟아져 나온 시각이었다.

눈앞에 물이 있었다. 푸른 정경이었다. 물은

                                  물을 쥐었다.

물을 안았다.

                                  물을 속였다.

물을 먹었다.

                                  물을 방관했다.

물을 위했다.

                                  물을 해했다.

물을 굴렸다.

                                  물을 우겼다.

물을 여겼다.

                                  물을 원했다.

물을 염했다.

                                  물을 낳았다.

물을 놓았다.

　　　　　　　　　　　푸르다.

　그 푸름에 나는 연루되지 않는다.
　내가 없더라도 눈앞의 풍경은 푸를 것이다. 푸름을 쥐고 기어이 놓지 않을 것이다.

　그 사실이 나를 살게 했다.
　오래된 어음이다.

해설

퀴어 노스탤지어의 미래

강동호
(문학평론가)

1. 프롤로그

> 거울은 사물이 스스로 보지 못하는 어떤 구역을
> 그의 눈앞에 재현한다는 점에서 너무 많은
> 의미를 부여받았다. 거울의 말을 하기 위해 가장 먼저 당신이
> 해야 할 일은 혀를 자르는 것이다. 놀랍게도
> 거울은 그 순간, 그 자리에 단지 있었을 뿐이다.
> ──「플라세보이펙트─리플렉션」 부분

시집의 문을 열면 한 장의 사진이 우리를 맞이한다. 정적이면서도 쓸쓸한 분위기가 감도는 풍경 속에는, 한때 사람의 손길이 닿았으나 오랫동안 방치된 듯한 수영장이 고요히 모습을 드러낸다. 텅 빈 풀장은 아무 말이 없고 그 침묵은 어떤 일이 막 끝난 직후의 시간을, 나아가 정체를 가늠할 수 없는 상실과 부재의 흔적을 암시하는 듯하다.

하지만 이 이미지가 단순한 종결이나 결말을 지시하지 않는 이유는, 무엇보다 벽면에 매달린 금속 사다리 하나가 유독 눈길을 끌어서이다. 더는 오르내릴 이도 없지만 여전히 제자리를 지키고 있는 구조물 그리고 거울처럼 그 형상을 되비추는, 미처 다 증발하지 못한 얕은 물. 이 둘은 마치 소멸되지 않은 과거의 잔존을 재현하고 완결되지 못한 감정의 시간을 증언하는 노스탤지어적 사물들처럼 보이기도 한다.

시집 도입부에 제시된 사진이 특별히 인상적인 까닭은, 그것이 평범한 풍경을 넘어 "잉걸 설탕"의 시적 주체와 테마를 반영하는 일종의 시각적 알레고리로 읽힐 수 있기 때문이다. 이를 뒷받침하듯, 사진의 다음 페이지에는 이런 문장이 적혀 있다.

질문 : 「나」와 나를 이어가는 한 방식

제목도 본문도 아닌 시집의 독특한 경계적 위치에서 발화된 이 문장에 내포된 의미는 무엇일까. 만약 그것을 시인의 의도가 직접적으로 반영된 일종의 자기규정적 선언으로 간주할 수 있다면, 우리는 송희지의 시적 탐구가 무엇보다 자기 자신을 향하고 있으며, 그것이 스스로와 결부된 과거의 시간과 긴밀히 맞닿아 있다고 추정해볼 수 있을 것이다. 그런 의미에서 사진 속 수면 위에 비친 사다리의 잔상은 카라바조(Caravaggio)의 회화「나르키소스」(1597~1599) 속, 호수에 비친 얼굴을 응시하며 도취에 빠진 소년의 모습과 겹치기도 한다. 말하자면 이 시집은 '나'라는 존재를 구성한 실존적 기원을 되돌아보는, 일종의 자기 지시적 자화상이다.

그러나 나르시시즘적 이미지와의 유사성만큼이나 우리가 동시에 보아야 할 것은, 자기애로의 환원을 불가능하게 만드는 어떤 근본적인 차이들이다. 이를테면 이 장면에는 나르시시즘의 전형적 구도를 성립할 수 없게 하는 여러 이질적 요소가 공존하고 있다. 사실상 응시하는 주체도 응시되는 자아의 형상도 부재한 채 오직 장소와 사물만이 전경화된 전체적인 미장센 그리고 수면 위에 부유하는 정체불명의 잔여물들은, 이 사진을 일종의 이미지적 푼크툼(punctum)으로 작동하게 만드는 균열적 징후들이다.

시인이 제시하는 "질문"에 담긴 예외적 의미를 되짚어 보기 위해서는, 이처럼 그 어떤 온전한 응시나 응답도 불가능한 이미지의 틈에 주의를 기울일 필요가 있다. 왜냐하면 "잉걸 설탕"이 전개하는 시적 자기 탐구는 자아를 정면으로 마주하는 나르시시즘적 거울의 회로에 갇혀 있는 것이 아니라, 자아를 해석 불가능한 파편으로 되비추는 일그러진 표면을 드러내고 있기 때문이다. 다시 말해 송희지가 실천하는 시적 '질문'은 자기 인식의 언표를 넘어, 글쓰기의 주체로서의 '나'와 텍스트 안에서 형성된

「나」 사이의 근원적 간극을 지시하는 중이다. 이 간극에 대한 시적 회고 속에서 연대기적 기억이 교란되고, 과거와 현재 사이의 시간적 관계가 재편되며, 마침내 우리에게 아직 알려지지 않았던 낯선 미래의 감각이 열리게 된다. 이렇게 펼쳐지는 매혹적인 시적 풍경을 일컬어, 앞으로 우리는 '퀴어 노스탤지어'라고 부르게 될 것이다.

2. 고백의 기원

"잉걸 설탕"에 드리워진 자기 고백적 성격과 노스탤지어적 분위기는 송희지의 시가 대면하고 있는 시간이 과거의 기억, 특히 자전적 체험과 밀접하게 연관되어 있다는 점에서 비롯된다. "끝이 각진 무쇠 스쿠프 들고/나의 소년들이//나를 퍼먹는 데 열중했다/창자가 다 얼도록"(「플라세보이펙트—리플렉션」). 시집 곳곳에는 '나'를 파헤치는 유년기의 상처가 결코 잊힐 수 없는 감각적 표상들로 나타나 있다. "여기 [계속하기]와 [기억하기] 두 가지의 출력장치 모델이 놓여 있다"(「일틱 프로젝트」, p. 19). 송희지에게 시적 발화를 계속하는 행위와 자신의 과거를 반추하는 일은 사실상 별개의 작업이 아니다. 하지만 시인이 과거를 되돌아보는 이유는 단지 지나간 시간을 회상하거나 복원하기 위해서만은 아니다. 그에게 기억하기란 실패한 관계에서 비롯된 완성되지 못한 시간, 언어로 온전히 소유될 수 없었던 과거의 파편들을 일견 고통스럽게 다시 마주하는 일에 가깝다. 시인에게 과거의 기억이 이토록 남다른 의미를 지니는 까닭은, 그것이 자신의 내적 욕망이 끝내 승인받을 수 없는 상태로 유폐될 수밖에 없었던 한때의 경험과 이어져 있기 때문이다.

관련하여 이 시집이 말하는 과거의 시간에 접근하기 위해 가장 먼저 확인해야 할 것은 "잉걸 설탕" 속 시적 주체들의 퀴어적 정체성을 검열하고 통제하는 외부의 흔적들이다. 이른바 송희지에게 기억이란 내면으로부터의 충동과 바깥에서의 검열이 충돌하는 연쇄적 이미지들 그리고 결코 봉합될 수 없는 시간적 균열로 나타난다.

건대입구 함께 걸으며 여기서 우리 손잡고 가면 지나치는 행인들 한 번씩 뒤를 돌겠지 이 조명 이 색 들이 다채로운 총성 같겠지 농담하던 순간에도, 강릉 카페에서 해변 내려다보며 파도가 파도를 잡아먹는다 뜯고 삼킨다 현상 거듭된다 멈추지 않는다 서늘해져 서로의 구두코 맞대고 있을 때에도

그것이 『두창』이나 『똥꼬충』 따위로 요약될 수 있음을 알고

무얼까, 아름다움이란 게, 골똘히 생각하는 규의 곁

에 앉아

　묵묵히 불을 피우던 일, 호랑지빠귀 울음소리, 젖은 풀냄새, 우리를 그러쥐던 어둠의 가난한 손 따위를
　회상하는 하루는 자꾸
　　　　　　　　　　　　——「크롭서클만들기」 부분

　휘발되고 싶을 때마다 위층으로 올라갔어 도서관귀신하려고. 건전 서적 읽으러 오는 이들의 발밑에 아름답고 흉흉한 나의 전기(傳記)를 던져놓고 싶었다. 고요와 탄내로 북적거리는 그곳 선반에 앉아. 느긋하게 기다렸지 나 발이 자라나기를. 돌아오기를. 하나의

　　　　　　　　사서를

　[……]

　사서에게 기억되고 싶었던 건 그가 훌륭한 서기였기 때문이다. 학자나 신자가 아니었기 때문이다. 현상으로서의 나 사랑하고 싶었어. 책이 내 손끝 떠나갈 때마다 자꾸만 나의 손 길어지는 듯한 느낌이 든다.
　　　　　　　　　　　　——「도서관귀신하기」 부분

두 시에 등장하는 시적 주체들은 검열과 금지의 시선

아래 감정을 온전히 인정받지 못한 채 허용되지 않는 사랑의 시간을 통과하는 중이다. "파도가 파도를 잡아먹는" 풍경이나 "건전 서적"이라는 말에 응축된 억압적 질서는 시인이 품은 내밀한 감정과 욕망이 외부 세계의 통제적 시선과 정면으로 불화하고 있음을 드러낸다. 이때 주변 세계는 마치 자신을 겨냥하는 "총성"처럼 위협적인 감각으로 감지되기도 한다. 하지만 그의 일상이 온전히 검열의 고통으로만 포위되어 있는 것은 아니다. "『두창』이나 『똥꼬충』 따위"의 사회적 낙인 속에서도 "호랑지빠귀 울음소리"와 "우리를 그러쥐던 어둠의 가난한 손" 같은 감각을 회상하려 애쓰고 있고, "건전 서적"의 세계에 편입되지 못할 "아름답고 흥흥한 나의 전기(傳記)"를 상상할 수 있기 때문이다. "현상으로서의 나 사랑하고 싶었어"라는 고백은 퀴어적 존재의 가시화가 구조적으로 차단된 세계 속에서조차 자신의 사랑을 직시하고 그로부터 자기 자신을 긍정할 수 있는 방법을 모색하려는 시인의 의지를 표출하고 있다.

이처럼 시적 주체의 내면과 외부 세계 사이에 형성된 비화해적 국면은, "잉걸 설탕"의 발화가 자기 동일적 고백이라는 서정시의 일반적 메커니즘으로 단순히 설명될 수 없음을 분명히 보여준다. 서정시의 주체는 단지 자기 진실을 발화하는 자율적 존재가 아니라, 언제나 사회적 시선과 언어의 질서 속에서 스스로의 위치를 발견하고 말하기의 조건을 끊임없이 교섭해야 하는 존재이기 때문이다. 이는 감정에 대한 발화를 허용하는 제도적 승인 구조가 서정적 고백의 이면에 작동하고 있음을 시사한다. 서정시에서의 고백은 '말해질 수 있는 감정'의 경계를 설정하고 '말할 수 있는 주체'의 자격을 결정하는 권력의 언어와 긴밀히 얽혀 있는 셈이다.

송희지의 시는 이러한 발화 형식에 내포된 권력의 기제를 예민하게 전유하면서, 시적 고백을 가능하게 하는 정상성의 조건과 배제/포섭의 권력 구조를 정면으로 가시화한다. 가령 "나는 크면 정말로 음란 방탕 하게 살 줄 알았다 [……] 에이즈 걸려 요절할 줄 알았다 세계가 나한테 그렇게//말해서"(「크롭서클만들기」), "사람들은 왜 우리가 두렵다고 할까. [……] 죽어. 죽어라. 나의 귀 나쁜 말을 듣고 받아 적는다"(「수몰 푸가—목격자」) 등의 구절이 보여주듯 송희지의 시적 고백은 타자의 시선에 의해 내면화된 낙인의 폭력을 고스란히 기록하는 동시에 억압적 외부 질서에 의해 구성된 타자의 진실 너머 가능성을 탐색해나가기 위한 언어적 전략인 것이다.

송희지의 시적 주체가 호출하는 과거가 언제나 불완전하고, 결코 봉합되거나 치유될 수 없는 감각의 파편 속에서만 그 흔적을 드러내는 이유도 거기에 있다. "고정됨을 배우라고 교실에 갇힌 적 있다"(「일틱 프로젝트」, p. 23). 그러나 시인의 기억은 이처럼 자신을 규율과 통제의 질서

안에 배치하려는 외부적 힘에 완전히 포섭되지 않는다. 이 때 과거의 기억은 단순히 회상되거나 복원되어야 할 대상이 아니라 끊임없이 현재를 흔들고 감정을 재구성하는 힘, 그리하여 정상성의 폭력에 점거되지 않는 퀴어 주체의 내면을 출현시키는 이중적 토대이기 때문이다. 이른바 "잉걸 설탕"에서 기억은 주체의 내면을 가능하게 만드는 기원이자, 그것을 끊임없이 뒤흔드는 균열의 장치로 작동한다.

    Open Sesame! ¡ |
    내가 기억복원재생장치를 부술 수 없는 이유 : 내가 그의 불결한 하인이어서, 그의 부름 있기까지 나는 단지 하나의 화농성 돌기에 불과하므로.
    그것은 기억복원재생장치가 나를 부술 수 없는 이유와 완전히 같다.
    부서뜨릴 수 없어서 악수는 무한해지는 것이다.
                              —「억만 노크」 부분

위 시에 등장하는 "기억복원재생장치"는 주체를 위협하는 과거를 반복적으로 호출하는 동시에, 시적 주체의 현재를 구성하는 역설적 기제로 제시된다. "불결한 하인"이라는 자기 비하적 표현이 보여주듯, 시적 주체는 기억의 대상이자 화자로서 과거의 수치와 상처 그리고 그로부터 비롯된 억압과 모멸의 흔적에서 완전히 벗어나지 못한다. 그럼에도 화자가 기억장치를 부정하지 않는 이유는, 기억이 결여될 경우 자신이 "화농성 돌기"에 불과한 존재로 전락할 수 있음을 잘 알고 있기 때문이다. 그러나 여기서 더욱 중요한 것은, 그 기억조차 주체를 철저히 규정하거나 점유하지는 못한다는 사실이다. 주체는 기억을 완전히 "부술 수 없"고, 동시에 기억 역시 주체를 완전히 "부술 수 없"다. 이같이 기억과 주체 사이의 상호 파괴 불가능성과 규정 불가능성은 단절도 화해도 아닌 '무한한 악수'를 파생시키며, 송희지의 시적 에크리튀르를 관통하는 파열과 균열의 원리를 형상화한다.

이처럼 송희지에게 기억의 글쓰기 혹은 글쓰기를 통해 전유되는 기억은 자기 자신을 대면하면서 동시에 분열시키는 이중적 계기를 제공하는 모순적 무대이다. 가령 "좋아하는 남자아이가 있었다. 그 애 이야기를 쓸 때 나는 꾸밈 없었다"(「억만 노크」), "그로 말미암아 나는 내 가장 깊숙한 곳에 있는 나의 정원의 존재를 알았다./여기에 있었구나./나는 되찾았다고 생각했다,//6학년 때, 나는 건전한 동성애자가 되겠다고 마음먹었다"(「기억의 습작」) 등의 장면이 보여주듯, 글쓰기는 자신의 성적 정체성(sexual identity)과 마주했었던, 그 어느 때보다 진실했던 순간을 기록하는 자기 발견의 공간이다. 한편 글쓰기에 내포된 자기 노출적 성격은 그와는 전혀 다른 결과를 초래하기도 한다. "그들 손에는 내 일기장이 들려 있고. 너 진짜야? 너

진짜 그거야? 키득거리며"(「억만 노크」)라는 과거의 기억이 보여주듯, 글쓰기는 욕망의 진실성과 마주하는 공간이자 그 진실이 조롱과 검열, 금기의 시선에 무방비로 노출되는 위태로운 장소인 것이다.

이러한 송희지의 고백적 에크리튀르는 스스로의 진실성을 되찾는 주체의 자기 지시적 희열과 더불어 그 희열이 언제나 타자의 위협이라는 폭력의 교차 속에서만 재발견될 수밖에 없는, 일종의 이율배반적인 조건을 함께 반영하고 있다. "잉걸 설탕"이 수행하는 자기 – 말하기는 이러한 분열적 상황이 야기하는 감정과 감각의 균열을 응시하고, 정상성의 언어로는 포착되지 않는 내밀한 기억과 경험에 정당성의 형식을 부여하려는 시적 실천에 가깝다. "혀 내밀어 절개한 자국 핥았다 그것 발화 반복에 능하다"(「테디 베어」).

강조해야 할 것은, 이 지점에서 송희지의 자기 고백이 '거울 속 자아'에 도취된 자기애로 폄하되어왔던 전형적 나르시시즘과 분명히 구별된다는 점이다. 송희지의 시적 주체들이 반복적으로 실천하는 자기 지시적 발화는 나르시시즘을 전유하고 퀴어링함으로써, 억압된 정체성과 사회적 낙인의 흔적을 폭로하는 공적 증언이자 권력의 질서를 교란하는 정동적 운동으로 거듭난다.*

* 최근 페미니즘 및 퀴어 이론에서 주목받고 있는 '자기이론(auto-theory)' 개념은 자전적 경험에 기반한 감정의 발화를 단순한 사적 고백이 아

3. 육체의 대화

그렇지 우리.
우리라는 건.

겨우 그리 말할 수도 있었으나 나는
혀를 내밀고 있었다.

―「루주」 부분

송희지 시의 퀴어성은 단순히 자전적 체험이나 퀴어 소재의 사용으로만 한정되지 않는다. 특히 주목해야 할 점은, "잉걸 설탕"이 형상화하는 다성적 목소리가 언제나 두 층위(외재적 조건과 내재적 조건)의 긴장 속에서 출현한다는 사실이다. 하나는 앞서 논의한 바와 같이 사회적 억압과 제도적 규범이 퀴어한 정체성과 욕망의 발화를 구조적으로 제한하는 데(외재적 조건)에서 비롯된, 그 억압에 대한 반작용으로서의 외재적 균열이다.

니라 수행적 사유의 형식으로 읽어낸다. 고백은 이 이론적 틀에서 더는 내면의 진실을 표출하는 심리주의적 제스처가 아니며, 주체가 감각의 층위에서 세계를 다시 조직하고 의미화하는 하나의 정동적 실천으로 작동한다. 다시 말해 자기이론은 개인의 경험을 비판적 사유의 동력으로 전환함으로써, 고백의 형식을 감정의 윤리학이자 지식 생성의 장으로 재구성한다. 이에 대해서는 로런 포니에, 『자기이론: 자기의 삶으로 작업하기』, 양효실·김수영·김미라·문예지·최민지 옮김, 마티, 2025 참고.

반면 또 다른 하나는 (앞으로 좀더 면밀히 살펴보겠지만) 퀴어적 정동의 내적 복수성과 생명력이 언어에 가하는 고유한 압력(내재적 조건)으로부터 발생하는, 언어적 표현 형식 자체의 파열이다. "최근 병원에서 내부를 촬영한 적 있었다. 상담의는 내게 내장에 흰 무언가 가득 차 있는 사진을 보여주었다. 닫힌 문이었다. 그들 알상자처럼 우글우글 모여 있던 것이다"(「억만 노크」). 그렇다면 관건은 몸의 내부에 갇혀 있던 그 우글우글한 존재들(복수의 주체)을 해방하는 일, 닫힌 문을 열어 그 통제 불가능한 목소리들을 몸의 표면으로 출현시키는 일이다. 따라서 우리가 자연스럽게 주목해야 할 것은 시인의 퀴어적 정동과 시의 언어가 교차하는 장소, 다시 말해 언어로 온전히 포섭될 수 없는 충동의 시공간으로서의 신체이다. "불현듯 외치고 싶은 말이 있었고 뱉었으며 말은 우레처럼 몸 안에서 울리고 퍼져 나갔다 덩굴이 살갗을 점유하였다"(「테디베어」). 송희지의 말은 종종 발화 이전의 육체적 감응으로 존재하고, 그 감응은 몸을 매개로 언어적 형식으로 변형됨으로써 급기야 신체를 점유하기에 이른다. 이처럼 그의 시적 고백은 목소리 이전 몸 내부의 울림이자 신체의 표면으로 분출되는 대화적 실천의 장이다.

이와 같이 표면으로 떠오른 몸의 목소리는 「나의 시의 전경」에서 더욱 인상적으로 형상화된다. 이 시에서 반복적으로 선언되는 "나는 신호등을 깨뜨리고 싶다"라는 의

지는 단지 도시적 기호에 대한 물리적 파괴 욕망에 그치지 않는다. 그것은 욕망을 통제하고 발화를 승인하는 규범적 언어의 가시성과 감시성을 깨뜨리고자 하는, 몸의 충동을 전면에 드러내는 수행적 선언으로 나아간다.

> 나는 신호등을 깨뜨리고 싶다.
> 그걸 위해 태어났다고 생각한다. 지금 나는 사거리의 한 구역의 무리 속에 서서 건너편의 붉은 안구를 지그시 노려보고 있다.
> [······]
> 나는 신호등을 깨뜨리고 싶다.
> 보는 이들 입 모아 그것을 쿠키 도나 질척하게 녹은 코튼캔디라고 말할 때까지.
> 그것 입속에 쏟아 넣고 파삭파삭 씹고 싶다. 혀끝으로 은근하게 굴리고 싶다.
> 나는 신호등을 깨뜨리고 싶다.
> "멈춰." 신호등은 말하고 있다. 나는 숨 제대로 가눌 수 없는 채로, 손끝 하나 까딱일 수 없는 채로 붉은 세계 속에 똑바로 세워져 있다.

'나'는 통제된 도시의 한복판, 사거리라는 지정된 질서의 중심에 위치하며, "붉은 안구"로 표상되는 감시의 시선, 금지의 언어, 규범의 기호를 응시하는 중이다. 여기서 신호등은 욕망의 경제를 통치하는 기호적 권력을 대표하며, "멈춰"라는 명령어는 자신의 충동을 억압하는 사회적 언어를 상징한다. "나는 숨 제대로 가눌 수 없는 채로, 손 끝 하나 까딱일 수 없는 채로 붉은 세계 속에 똑바로 세워져 있다." 이 대목에서 드러나듯 현재 시인은 고백 불가능한 감정의 체내화된 억압 상태에 놓여 있으며, "신호등을 깨뜨리고 싶다"라는 선언의 반복은 바로 그 억압의 언어를 육체의 충동으로 되받아치려는 비규범적 실천 의지를 가리킨다.

흥미로운 점은, 이 반복이 점차 감각적으로 증폭되는 가운데 혀와 살갗, 씹기와 굴리기라는 육체적 이미지로 전환된다는 사실이다. "그것 입속에 쏠어 넣고 파삭파삭 씹고 싶다. 혀끝으로 은근하게 굴리고 싶다." 이때 신호등은 더는 질서의 기호가 아니라 감각의 기관으로 삼켜지고 재구성되기에 이르며, 몸은 "멈춰"라는 명령어를 파삭 씹어 부수고, 그 잔해를 혀끝으로 굴리며, 금지의 언어를 신체적 쾌락의 리듬으로 새롭게 재배열한다.

중요한 것은 이러한 신체적 리듬의 언어적 실천이 파괴나 전복에만 머물지 않는다는 점이다. "그렇다고 신호등의 권력을 물려받고 싶다는 것은 아니다. [······] 그렇다고 신호등을 사랑한다는 것은 아니다"라는 '나'의 고백은, 권

력에 대한 비판이 또 다른 권력 구조의 재전유로 귀결될 가능성마저도 단호히 거부하면서 일종의 영원한 탈주적 움직임에 대한 지향을 피력한다. 이러한 몸의 움직임이 결코 중단될 수 없는 이유는, 시간이 흐르면 결국 "고요가 물 위의 파문을 잘근잘근 무너뜨리듯이" "사람들은 신호등 없는 세계의 규칙에 따르고 타협할" 것이며 신호등을 대신할 또 다른 규범적 체계가 모습을 드러낼 것임을 '나' 또한 알고 있기 때문이다. 따라서 관건은 "내가 나를 차근차근 파괴하듯" 이 행위를 끊임없이 반복하는 것, 그리하여 이 반복의 시간 속에서 길들여지지 않은 신체적 정동의 언어를, "순식간에 터져 나가는 광경을. はなび. はなび. 불꽃놀이를" 바깥으로 폭발시키는 것이다.

이와 같은 통제 불가능한 목소리들의 육체적 전경화는 "잉걸 설탕"의 발화가 신체라는 감각의 무대 위에서 전개되는 대화적 고백의 형식을 취하게 되는 근본적인 이유이기도 하다. "나를 물살이나 금 간 유리라고 불러주어도 좋다. [……] 살갗 속에 갇혀 있는 무수한 나의 손(孫)"이라는 표현이 보여주듯, 이 시집에서 '나'란 '나'로부터 비롯하되 '나'에 의해 통제될 수 없는 복수의 존재가 공존하는 일시적 장소이자, 그 표면으로서의 신체에서 벌어지는 어지러운 대화의 장면에 가까워진다. 여기서 강조해야 할 것은, 이러한 대화가 결코 조화로운 의미의 교환경제를 지향하지 않는다는 점이다. "우리를 있게 한 건 오로지 불통이었으니까"(「플레이 리스트」). 이처럼 소통보다는 불통, 단절, 어긋남으로 이어지는 불협화의 대화 형식이 인상적으로 구현된 대표적인 사례가 「내가모르는나들이」이다. 희곡 형식을 변주한 이 작품에는 시인으로부터 파생된 복수의 자아가 등장하는데, 이들에 의해 부조리극을 방불케 하는 낯설고 비논리적인 대화의 장면이 전개된다.

여기 갈라진 나들이 있다.
엊그제 데이팅 앱에서 만난 대디와
무리한 피스팅 플레이 했던 것이 이들의 탄생 배경이다.
그는 하고 싶다고 했고 나는 잘 모르겠다고 했으나
와장창¡ 와장창¡ 창세기였다.

나들은 한밤중 보드게임 카페에 모여
남은 생을 어떻게 소모할 것인지 의논하였고.
이것은 그 밤 오갔던
간결한 대화의 기록이다 :

위 시에 등장하는 "갈라진 나들"은 퀴어한 섹슈얼리티의 실천과 경험 속에서 탄생한 시인의 분신적 정동들이다. 쾌락의 흔적과 상흔을 통과하며 형성된 복수의 주체는, 끊임없이 "네 조각"으로 분화되어 "한 방향씩" 서로로부터 "멀어지"는 운동을 지속하는 가운데 다음과 같은 기묘한 대화를 이어나간다.

    —우리는 모두 주체적으로 죽음해야 합니다. 움직이기 때문입니다. 기능하기 때문입니다. 나는 숲을 걸을 겁니다. 바다를 상상하면서요. 그것은 나의 걸음을 가치 있게 만들 겁니다. 나는 절대 바다에 도착하지 못할 겁니다.
    —거만이군요. 나에게는 '발'이라는 부위가 없습니다.
    —걷는다는 건 행위라기보다 기억입니다.
    —도착하지 않는다는 게 중요합니다. 우리는 도착하지 말아야 합니다. 도착을 살해하며 계속되어야 합니다.
    —우리가 곧 도착이라면요?
    —그건 가장 아름다운 일입니다.
    [……]
    —북쪽으로 가겠습니까?
    —서쪽으로 가겠습니다.
    —사랑을 시도하겠습니까?
    —나는 절대 바다에 도착하지 못할 겁니다.
    —당신은 모를 겁니다.
    —그것이 중요합니다.
    —멀어지겠습니까? 다시는 만나지 않겠습니까?
    —그것이 중요합니다.
    —사랑을 하겠습니다.

이처럼 복수화된 '나들'은 끊임없이 갈라지고 미끄러지는 비결정적 운동 속에서 어떤 종결이나 완결로서의 "도착"을 철저히 유예하고 있다. 주목해야 할 것은, 이들의 기이한 대화를 통해 더욱 심화되는 분화와 분열의 움직임이 단순히 고통이나 파멸을 뜻하지 않는다는 점이다. 여기서의 분열은 결핍이나 상실의 징후가 아니라 하나의 정체성 형식이자 끝없는 감각적 운동으로 지속되고 있으며, 시적 주체가 경험한 강렬한 섹슈얼리티 체험을 반영하고 있다. 요컨대 분열은 송희지의 고정 불가능한 시적 언어를 탄생시킨 기원인 동시에 목적이기도 하다. 이러한 원환적 관계 속에서 송희지의 '나들'은 끝없이 분열되고 미끄러지는 가운데 쾌락을 생성하며 사랑을 체현하는 육체의 언어로 말하기 시작한다. "사랑을 하겠습니다. 그것은 내 아명(兒名)이기도 합니다. 무수히 갈라지는 일에 익숙합니다. 때때로 쾌락으로 느껴지기도 합니다".

　송희지의 시적 주체를 단순히 말하는 자아로 규정할 수 없는 이유가 여기에 있다. "내가 몸의 가장 돌출된 수사인 까닭"이라는 고백이 암시하듯, "잉걸 설탕"에서 주체성의 공간은 언어 이전의 신체 기관이자 의미에 선행하는 정동을 가장 먼저 감지하고 발화하는 출구로서의 육체를 가리킨다. "나는 내가 행할 수 있는 최선의 포즈로 찢긴다"(「플라세보이펙트— 플레이 리스트」). 이러한 선언적 주체는 "스플릿 텅"에서 갈라져 나오는 "서로 다른 두 갈래의 음률"을 발생시키며, "나와 나끼리 배배 꼬일 수 있는" 파편화된 목소리로 "살갗에 먼저 닿는"(「동창회」) 감각의 언어를 발화한다. 그렇게 "내 몸의 안쪽에 있는 모든 닫힌 문이, 일제히 열리는 상상"(「억만 노크」)과 함께 "몸이 꾀하는 반란"(「플레이 리스트」)을 수행적으로 도모함으로써, 그 어떤 정신의 언어로도 망각할 수 없는 이질적인 장소로서 몸을 재발견하고, 그로부터 사랑의 기억을 되찾으려 한다.

나는 방파제의 둔덕에 서서 뭍으로 걸어 나오는 너를 보고 있어. 너는 흠뻑 젖어 있고, 어떤 말을 뱉고 싶은 듯 볼을 천천히 부풀리고 있어. 나와 너는 가까워지고. 맞닿고. 혀를 밀어 넣는데—다음 순간 너는 내 목구멍에 눈부신 고체들을 쏟아 넣기 시작해. 합성수지야. 나는 플라스틱구토하고, 너는 그 장면이 감명 깊다는 듯 오래 바라봐. 너는 플라스틱눈물 흘리고, 나는 플라스틱침 개처럼 뚝뚝 떨어뜨려. 플라스틱이 전염돼. 플라스틱동화돼. 너는 네가 물속에서 눈을 떴을 때, 시야에 들어왔던 모든 생물에 대해 설명해. 그들의 뱃속 하나같이 플라스틱으로 가득 차 있었다고 해. "플라스틱이란 생의 증거구나 건축이구나" 생각했다고 해. [……] "정말 세계에 그렇게 많은 죽음이 있어?" 말하며 너는 애도를 하고 싶어 하는데, 나와 너 중 누구도 애도를 몸에 가두지 못해. 플라스틱 아니기 때문이야. 나와 너는 블루해지지. 배후에 펼쳐진 바다의 색조처럼. 바다는 더없이 반짝거리고 있고, 나와 너는 그것이 플라스틱의 광택이라는 것을 알아. 나와 너는 이제 플라스틱으로 세계를 이해해―그러나 여전히 우리는 플라스틱 플라스틱 쏟아지고 있구나.
　―「미세하고 단단한, 광택이 있는, 바스라지거나 휘발되지 않는, 오래오래 보존되는」 부분

　위 시의 화자는 바다에서 "뭍으로 걸어 나오는 너를 보고" 있다. "흠뻑" 젖은 몸으로 다가오는 '너'는 "어떤 말을 뱉고 싶은 듯 볼을 천천히 부풀리고" 있지만, 정작 말보다 먼저 '나'에게 도달하는 것은 '너'의 몸이다. 하지만 혀를 매개로 한 감각적 사랑의 대화가 막 시작되려는 순간 "너는 내 목구멍에 눈부신 고체들", 즉 플라스틱을 쏟아 넣고, '나'는 그것을 감당하지 못한 채 "플라스틱구토"를 한다. 이후 가까워지려던 두 육체는 다시금 분리된 채 "플라스틱눈물" "플라스틱침"을 흘리며, 이 세계가 이미 플라스틱으로 포화되어 있음을 새삼 자각한다.
　이처럼 갑작스레 관계 속으로 침입하는 플라스틱은 단지 둘 사이의 사랑과 대화를 차단하는 이물질이 아니다. 오히려 시인은 말한다. "플라스틱이란 생의 증거구나 건축이구나." 분해되지 않으며, 사라지지 않는 이 기이한 물

질은 생의 잔여를 증언함과 동시에 그것을 감각적으로 형상화하는 구조물이기도 하다. 이때 외부의 충격에 저항하면서도 일정한 임계점에서 스스로 변형되어 그 형상을 고정하는 플라스틱의 물질성, 즉 '가소성(plasticity)'은 주체가 타자적 힘에 의해 완전히 파괴되지 않고도 새로운 형태로 존속할 수 있는 원리를 사유하게 만든다.* 본래의 모습으로 복원되기보다는 상처 입은 채 달라진 형상으로 남는다는 점에서 송희지에게 몸은 회복과 반동을 전제하는 탄력성(elasticity)의 공간이 아니라, 감각의 흔적이 각인된 가소성의 장소다. "플라스틱이 전염돼. 플라스틱동화돼." 그렇게 육체에 새겨진 기억은 정신이 수행하는 서사적 기억과 분명히 구분된다. "너는 애도를 하고 싶어 하는데, 나와 너 중 누구도 애도를 몸에 가두지 못해." 정신이 애도를 완수함으로써 자아를 복원하려는 회복 탄력성을 따

---

* 철학자 카트린 말라부는 주체를 구성하는 핵심 원리를 자기-파괴와 자기-보존이라는 상반된 힘의 공존에서 찾는다. 그녀에 따르면, 이처럼 모순적인 두 힘이 동시에 작용할 수 있는 존재의 특성이 '가소성'이라는 개념으로 설명될 수 있다. 말라부가 말하는 가소성이란, 외부로부터의 형성 가능성과 내적인 자기 변형의 능력 그리고 궁극적으로는 자기-해체의 잠재성까지를 포함하는 역동적 개념이다. 이러한 가소성 덕분에 주체는 스스로를 파괴하는 힘을 받아들이면서도 여전히 일정한 형식(form)을 유지하며 존속할 수 있다. 말라부는 주체를 동일성이나 타자성 중 어느 하나로 환원할 수 없는 역능적 존재로 파악하며, 바로 이 가소성을 통해 주체가 기존의 규정에서 벗어나 새로운 삶의 가능성을 향해 나아갈 수 있다고 주장한다. 이에 대해서는 Catherine Malabou, *The Future of Hegel: Plasticity, Temporality and Dialectic*, trans. Lisabeth During, Routledge, 2005 참고.

른다면, 송희지의 시에서 몸은 복구 불가능한 장소를 드러내며 이질적인 감각의 층위에서 애도의 실패를 증언한다. 그렇게 기억이 언어에 도달하기도 전에 신체를 통해 번역·침투됨으로써, '나'와 '너'는 이제 "플라스틱으로 세계를 이해"하고 "플라스틱 플라스틱 쏟아지고 있"는 세계 한복판에 놓일 수 있다. 이렇듯 "잉걸 설탕"에서 사랑의 기억이란 "플라스틱의 광택"과 같이 바다처럼 펼쳐진 육체의 표면 위에 남아, 소멸 대신 빛으로 반짝이며 자신의 존재를 증명하는 중이다.

4. 퀴어 노스탤지어

> 시각이란 얼마나 속임수의 감각인가! 알베르틴의 몸처럼 사랑받는 몸조차 몇 미터, 아니 몇 센티미터만 떨어져 있어도 우리는 거리감을 느낀다. 그 몸에 속한 영혼도 마찬가지다. 단지 무엇인가가 우리와 관계하여 영혼의 자리를 격렬하게 바꾸고, 그 영혼이 우리가 아닌 다른 존재를 사랑하고 있음을 보여주는데, 그때 분리된 심장 고동 소리 덕분에 우리는 사랑하는 존재가 우리로부터 몇 걸음 떨어진 곳이 아니라 바로 우리 속에 있음을 느낀다. 우리 몸속에, 하지만 조금은 표면에 가까운 지대에 있음을.*

* 마르셀 프루스트, 『잃어버린 시간을 찾아서 8―소돔과 고모라 2』, 김희영 옮김, 민음사, 2019, p. 487.

"잉걸 설탕"에 흐르는 노스탤지어적 정서에 접근하기 위해 우리가 세심하게 다가가야 할 또 하나의 지점은 장소에 대해 시인이 품고 있는 독특한 정서적 애착 그리고 갈망이다. 이를테면 시집 곳곳에서 반복적으로 호출되는 '금정포' '후쯔' 등과 같은 고유명의 장소는 단순한 시적 배경이 아니라 시적 주체의 내밀한 감정과 추억이 투영된 비밀스러운 공간에 해당한다. 시인은 이들 장소의 강렬한 현전성을 빌려, 현실과 환상의 경계에 놓인 은밀하고도 유혹적인 공간으로 독자를 초대한다.

그런데 시인이 창조하는 장소들의 매혹에 관해 언급하기 전에, 우리가 거듭 기억해야 할 점이 하나 있다. 그것은 시에 등장하는 퀴어한 주체에게 장소란 본질적으로 결핍과 밀접하게 맞닿아 있다는 사실이다. 이때 시인이 호소하는 결핍은 특정 장소에서의 상실 체험만으로 설명되지 않는다. 가령 "한 번이라도 이곳이 내게 장소였으면 좋겠다"(「없음갖기」), "이곳이 나의 안쪽이라면, 피 없는 형제라면, 나는 이곳과 사랑하고 혀 섞을 수 있겠습니까? 합법입니까?"(「그해, 후쯔에서」, p. 126)와 같은 토로들은, 시적 주체가 직면한 결핍이 단순한 상실을 넘어 '장소 자체의 부재(placelessness)'라는 더욱 근본적인 결여에 가깝다는 사실을 암시한다. "하교 시간에 가정통신문 건네며 나의 선생이 "주소가 어떻게 되니?" 물었을 때, 나는 천연덕스럽게 대답할 수 있었다. 안에 있을 때 나 가장 안전하다고, 고유하다고 믿는 어떤 곳을 부를 수 있었다"(「공작소의 왕」). 시인이 회상하는 이 '거짓된 주소'는 실상 그가 '안전하고 고유하다고 믿을 만한 장소'를 단 한 번도 가져본 적 없었다는 점, 다시 말해 그에게 돌아갈 장소 자체가 애초에 존재한 적 없다는 사실을 전면화한다. "잉걸 설탕"의 화자와 인물들은 종종 어딘가를 향해 돌아가고 싶다는 열망을 드러내지만, 그들이 회귀하고자 하는 장소가 정작 어디인지 구체적으로 밝혀지는 경우가 거의 없는 이유가 여기에 있다.

이러한 점을 감안할 때, 시집에서 가장 서정적이고 내밀한 장소의 풍경을 그려내는 3부의 텍스트들은 각별히 주목될 필요가 있다. 시집 안에서도 유독 예외적인 정서적 공간을 창출해내는 듯한 이 시편들은 '나'와 '형' 사이의 추억을 담은 하나의 긴 연작시처럼 읽히기도 한다. '금정포'라는 장소적 기호를 중심으로 형성된 상호 텍스트적 관계 속에서 '나'와 '형'은 자신들이 거쳐간 장소들에 대해 깊은 애착과 갈망을 표현한다. 이를테면 3부 첫 시에서 화자 '나'는 이렇게 말한다. "나는 내가 꾸민 세계를 보여 줄 요량으로 형을 이곳에 데리고 왔다." 그러나 이 '꾸며진 세계'는 결코 낭만적이거나 평화로운 공간만은 아니다. '형'을 초대한 이 세계는 "화마"와 함께 무너질 듯 위태롭게 흔들리고, 화자는 "책임질 수 없는 이미지"들 앞에 불안하게 서 있기 때문이다. 중요한 것은, 바로 그 순간 "돌아서려는" 화자의 손을 '형'이 끝내 놓지 않는다는 점이다. "나를 자꾸만 있게 한다 나의 명백한 형이"(「우리는 오래 전에 도착했고 소도였다 어두컴컴 젖은 레몬그라스 들판과 이따금 허공으로 솟구치는 폐어들」).

'나'가 꾸며낸 세계임에도 정작 "나의 명백한 형"이라는 타자의 기억에 의해 붙들려 있을 수밖에 없는 시공간은, '나'가 자신의 시적 장소와 맺고 있는 이중적이고도 모순적인 관계를 선명히 드러낸다. 온전히 귀속될 수 없으나 그렇다고 완전히 벗어날 수도 없는 딜레마적 상황은 '나'와 '형'의 기억이 각인된 장소들의 성격 속에서도 반복적으로 나타난다. 가까이 있는 듯 보이지만 다가갈수록 한없이 멀어지고, 잘 아는 듯 보이지만 어느새 미지의 공간처럼 낯설게 느껴지는, 모호한 장소들. 이렇게 일상과 일탈, 과거와 현재, 꿈과 현실, 실재와 허구가 교차하는 경계에 위치한 송희지의 '금정포'는 익숙하면서도 낯선 감정이 중첩된 감각적 기억의 공간이자, 시적 주체를 비추는 기이하면서도 아름다운 자기 지시적 거울로 작동한다.

> 그때 나와 형은 차도를 걷고 있었다. 우리는 금정포에서 외식을 하기로 했다. 실로 오랜만의 일이다. 금정포에서 밥을 먹은 게 얼마나 오래전의 일인지 모른다.
> ―「금정포」(p. 73) 부분

그때 나와 형은 금정포에 있었다.

그 사실은 우리를 더없이 기쁘게 했다. 정말로 오래 전부터 우리는 금정포에 가기를 꿈꾸었던 것이다.

금정포는 동해 끝자락에 위치한 포구다.

금정포는 활발하고 건강하다—힘 좋은 어부들 곳곳에서 소금 포대 쇠 그물 생선 담긴 대야 어깨에 이고 다니고 그들의 구릿빛 피부 다랑어처럼 빛난다.

금정포에서 파는 모든 것은 탄력 넘친다.

—「금정포」(p. 76) 부분

"금정포"라는 이 미묘한 이름의 장소는 '나'와 '형' 사이에 오래도록 남아 있는 추억이 깃든 공간으로 제시된다. 이런 맥락에서 두 시가 공통적으로 발화하는 "오래전"이라는 수식어는 금정포의 기억과 현재 사이의 시간적 간극을 부각하며, 그들이 함께 도달하고자 하는 장소로서 금정포가 지니는 특별한 의미를 한층 더 선명하게 각인한다. 물론 "오래전"은 그들이 함께 공유한 과거를 지시하는 단순한 수식어에 그치지 않는다. 모든 것이 "활발하고 건강하"며 "탄력 넘"치는 금정포의 세계는 동물적 생명력으로 존재를 증명하는 공간이자 현대적 일상으로부터 한참 떨어져 있는 세계, 그래서 그 자체로 과거의 시간이라 불릴 수 있는 장소이기도 하다. 아마도 그들이 금정포라는 "동해 끝자락에 위치한" "오래전"의 시간으로 향하는 이유는, 바로 그곳이야말로 둘 사이의 내밀한 관계를 다시 확인하고 아직 도래하지 않은 사랑의 미래를 조심스럽게 꿈꿔볼 수 있는 예외적인 장소였기 때문일 것이다. 하지만 이러한 기대와 달리 이들을 기다리고 있는 것은 단절과 엇갈림 그리고 상실을 암시하는 일련의 불길한 장면들이다. 오랜만에 도착한 그 장소에서 '나'와 '형'은 "차도의 새카만 바닥에" "눌어붙"은 "새의 몸"을 불안하게 목격하며 엇갈린 대화를 나누고, 급기야 금정포에 온전히 속할 수 없는 자신들의 처지를 자각하는 순간에 이른다.

> 형: 기억나?
> 나: 차가 오고 있어.
> 형: 우리가 예전에 새를 길렀지. 그 새의 이름 기억나?
> 나: 차가 오고 있어.
> 형: 차가 오고 있어.
> 나: 초롱이였나? 촐랑이였나?
> 형: 초록은 아니었던 것으로 기억해.
> 나: 차가 오고 있어.
> 형: 우리는 그 새를 잃어버렸어. 새장을 살 돈이 없었기 때문에 수조 속에 넣어 길렀지. 바보 같은 발상이었어.
> 나: 돌아올 줄 알았어. 한번 수조 속에서 산 새는 영영 수조 속에서만 살 거라고 믿었어.

형: 차가 오고 있어.

나: 우리는 갓길로 비켜서야 해.

형: 그 새의 이름 기억나?

———「금정포」(p. 73) 부분

"내가 이곳의 주민이라면 얼마나 좋을까?" 형이 말하고 "그건 우리가 외지인이기에 가능한 허영이야" 내가 말한다.

그렇다.

우리는 금정포의 외지인이고 금정포도 그 사실을 부정하지 않는다. 우리의 냄새는 금정포의 것과 다르다. 우리는 금정포의 이물에 지나지 않는다.

형은 딱딱 소리 나도록 회 씹어 삼키는데 나는 어쩐지 그것이 생존수영의 한 동작처럼 보인다.

우리는 몇 차례 성교를 시도하고 실패한다. 이내 아무것도 하지 않고 잠들기로 합의한다.

어둠 속에 휘감기면 비로소 몸이라는 것이 실감 난다. 독자라는 것이 실감 난다.

———「금정포」(p. 76) 부분

「금정포」(p. 73)에서처럼, "새"에 대한 서로 다른 기억을 매개로 이어지는 이상한 대화는 '나'와 '형' 사이에 놓인 근본적인 간극을 상징적으로 드러낸다. 반복적으로 등장하는 "차가 오고 있어"라는 발화가 금정포에서의 시간과 감정 역시 외부의 위협에 끊임없이 노출되어 있다는 불안을 환기하고 있기 때문이다. 특히 경적 소리가 점점 가까워지는 가운데 "그것으로부터 멀어질 방법을 제시하지 못했다"라는 시의 마지막 문장은 단지 물리적 위험만을 가리키지 않는다. 그것은 서로를 잇고 있는 불완전한 기억 그리고 그로 인해 결국 엇갈릴 수밖에 없는 현재의 감정을 암시하고, 나아가 피할 수 없이 다가오는 미래의 상실 또한 함께 예고하는 중이다.

한편 「금정포」(p. 76)는 금정포에서의 시간이 결코 행복한 기억으로 남을 수 없음을 분명히 보여준다. "우리는 금정포의 외지인이고 금정포도 그 사실을 부정하지 않는다"라는 단언은, '나'가 기억의 고유성과 장소에 대한 귀속 가능성 자체를 의심하게 되는 자리에 이르렀음을 드러낸다. 금정포가 아름답게 여겨졌던 이유가 역설적으로 그들이 그곳에 영원히 머물 수 없다는 사실 때문이라는 점을 '나' 그리고 '형'은 모르지 않는 것이다. 이 사실이 직접 발설되지는 않지만 서로 이미 알고 있기에, 금정포에서의 성교는 실패로 귀결되고, '나'와 '형'은 결국 서로가 "독자"였음을 새삼 확인하게 된다. 그리고 '나'는 마침내 현실에서는 끝내 말하지 못했던 마음속 질문을, 꿈의 형식을 빌려 다음과 같이 스스로에게 건넨다. "나는 보았어. 나는 바싹 질렸어. 나는 되풀이했어. 너에게 필요한 것은 나일까, 금정포일까? 너를 필요로 하는 것은 나일까, 금정포일까?"

이렇듯 금정포는 단순히 '나'와 '형'의 사랑이 온전히 충족되는 낭만적인 공간을 넘어, 오히려 둘 사이 필연적 간극의 징후를 드러내고 이들의 불안한 앞날을 예고하는 장소이기도 하다.* 그렇다면 금정포는 이별과 상실을 예고하는 실망의 장소, 과거의 실패를 떠오르게 하는 회상의 무대에 불과할까? 그렇게 단정 짓기 어려운 이유는, 금정포가 관계의 종결이나 감정의 소멸에 머무르지 않고, 그 너머의 감정적 지속을 끈질기게 환기하기 때문이다. "꽤 많이 지나온 것 같았는데 우리는 아직 금정포였다. [······] 기쁜 일이다"(「금정포」, p. 78). 이른바 금정포는 단지 끝

---

* 그러한 맥락에서, 차례로 이어지는 「음력설」과 「Homeplus」는 금정포 이후 이들에게 전개될 서로 다른 두 갈래의 가능한 미래를 예비하는 텍스트로도 읽힐 수 있다. 가령 「음력설」은 금정포 여행 후 '나'를 떠나 고향으로 돌아가지만 끝내 그곳으로 되돌아가는 데 실패한 '형'의 미래를 상상한다. "번번이 실패하는데/정말 너의 고향이라는 것이 있을까?/너의 나라라는 것이 있을까?" 애도의 실패가 야기하는 감정의 지속과 유예 속에서 '나'와 '형'은 더는 어디에도 완전히 속할 수 없는 존재로 부유하고, 시의 공간 자체는 정착 불가능한 정동의 무대로 탈바꿈되기에 이른다. 그런가 하면 「Homeplus」는 금정포 여행 이후 '나'와 '형'이 함께하는 일상적 풍경을 담담히 그려낸다. 대형 마트라는 지나치게 현실적인 공간에서 둘은 나란히 카트를 끌며 장을 보고, 이 평범한 장면은 마침내 "길 끝에 우리의 집"으로 "돌아가는 길"로 수렴된다. "우리는 목표했던 것을 구"하고 "집으로 돌아갈 권리 얻는" 데까지 이른 듯 보이지만, 이 집으로의 귀환이 일상으로의 안정적 복귀만을 뜻하지는 않는다. '나'의 말을 흘려듣는 '형'의 무심한 반응은 둘 사이에 흐르는 미세한 거리감과 감정의 비동시성을 예고하며, 겉으로는 평온해 보이는 장면 이면에 잠재되어 있는 균열의 징후를 드러내고 있기 때문이다.

나버린 지난 시간이 아니라 현재 속에서도 여전히 남아 있는 과거의 시간, 즉 회귀할 수 없지만 결코 사라지지 않는 감정의 장소로 표상된다. 설령 물리적으로 '나'와 '형'이 금정포로부터 벗어날 수 있다 하더라도 "금정포에서의 체험을 추억으로 표백하기 위하여 우리는 또다시 많은 생을 함께 소모해나가야 할 것"(「금정포」, p. 79)이기에, 이들은 금정포를 끝내 떠날 수 없다. 금정포에 머무를 수도, 그로부터 벗어날 수도 없는 이중적인 불가능성. 이처럼 금정포에 응축된 과거의 시간은 현재의 감정과 삶 속에 여전히 잔존하는 잊을 수 없는 기억이면서도, 온전히 그곳으로 되돌아갈 수 없는 '나'의 상황을 상징한다. 그리고 결정적으로 이러한 회귀 불가능성이 더욱 극적으로 심화되는 이유는, 그렇게 강렬한 감정의 궤적을 남기고 있는 금정포가 실은 실재하지 않는, 다시 말해 현실 속에 존재한 적 없는 허구의 장소라는 사실이 도중에 밝혀지기 때문이다.

> 이상하지.
> 우리는 사실 금정포에 간 적 없는데.
> 돌아온 적 없는데.
> 금정포는 우리를 시진(視診)하는 늙은 의사의 이름이고
> 우리는 그를 증오하여
> 밤마다 인간의 말을 수군거릴 따름인데.
> ——「금정포」(p. 80) 부분

이 놀라운 고백을 우리는 어떻게 받아들여야 할까. 여기서 부인되는 것은 단지 금정포와 관련된 몇몇 추억이나 일화만이 아니다. "금정포"라는 상상의 지명이 실은 '나'와 '형'이 "증오하"는 "늙은 의사의 이름"에서 비롯되었다는 고백으로 인해, 우리가 지금껏 함께 따라온 장소의 실재성 자체가 근본적으로 무효화될 수 있기 때문이다. "금정포"가 허구라면, 그 안에서 교환된 말, 나눈 감정, 함께 거닐었던 풍경 모두 의심의 대상이 되는 일을 피하기 어렵다. 그렇다면 우리가 본 것은 무엇일까. "금정포에 간 적 없"고 "돌아온 적도 없"다는 이 예상 밖의 진술을 믿어야 한다면, 우리가 따라간 여정의 매혹은 어디서 비롯된 것인가. 시인이 간직해온 애틋한 그리움은, 나아가 독자에게 새겨졌던 강렬한 현전성은, 결국 아무 의미도 없는 허구에 불과했던 것일까. 무엇보다 '나'가 그토록 간절히 불러왔던 '형'은 누구인가. 과연 그는 실존하는 인물인가, 아니면 '나' 자신의 욕망과 상처가 호출해낸 허구적 타자인가. 거듭되는 질문 속에서, 송희지의 장소에 대한 노스탤지어적 정서는 비로소 단순한 회고나 과거의 추억과 구별되기 시작한다. 이 차이가 결정적인 이유는, 이것이 장소에 대한 애착과 그리움이 반드시 실재했던 장소에 대한 회상과 일치하지 않을 가능성을 제기해주기 때문이다.

일반적으로 장소애, 즉 토포필리아(topophilia)는 구체적인 장소에 대한 감정적 유대를 의미하지만, 이러한 장소적 애착은 대개 그 장소로 되돌아갈 수 있는 주체와 그 장소로부터 환영받을 수 있는 가능성의 전제 위에서 성립되기 마련이다. 반면 우리가 요구해야 할 것은 근본적인 장소 상실의 상태에 놓인 송희지의 퀴어한 주체들이 피력하는 노스탤지어를 이해하기 위한 전혀 다른 접근법이다. 요컨대 우리가 물어야 할 질문은 바로 이것이다. 존재한 적도 소유한 적도 없는 과거에 대한 그리움은 어떻게 가능한가?

이와 관련해 호세 에스테반 무뇨스(José Esteban Muñoz)는 '퀴어 유토피아 기억(queer utopian memory)'이라는 개념을 통해 퀴어 주체들의 기억이 언제나 상실된 시간과 장소, 다시 말해 애초부터 허락되지 않았던 정동적 조건 위에 놓여 있다는 사실을 강조한다. 그렇기에 퀴어한 기억은 단순히 지나간 시간을 재현하거나 어떤 완결된 서사로서 과거를 복원하는 행위에 머무르지 않는다. 오히려 그것은 억압과 망각 그리고 제도적 기록에서의 삭제로 인해 존재와 부재 사이를 떠도는 '이미-의식되지 않은 것(the no-longer-conscious)'으로서의 시간을 정동적 언어의 장으로 다시 호출하는 작업이자, 존재하지 않았지만 존재했을 수도 있는 하나의 가상적 세계를 수행적으로 창조해내는 행위이다. 무뇨스는 다음과 같이 말한다. "나는 여기서 세계-만들기(world-making)가 퀴어 유토피아 기억의 수행을 통해 작동하고 등장한다고 본다. 즉 퀴어 유토피아 기억이란 어떤 향수를 자아내는 과거—그러나 아마도 결코 존재하지 않았을지도 모를— 나, 도래가 끊임없이 지연되는 미래를 넘어서는 시간성을 이해하는 유토피아, 곧 현재 속에서 실현되는 유토피아를 의미한다."*

이러한 맥락에서 "잉걸 설탕"의 노스탤지어 역시 과거의 회복을 넘어, 존재한 적 없는 세계를 감각하고 창조적으로 구성해보려는 시적 실천으로 나아간다. 그렇게 송희지는 존재하지 않기에 도리어 더욱 낯설게, 더 아름답게 감각될 수 있는 허구적 장소로서 '시'를 다시 발견한다.

> 이상하지.
> 형아,
> 그런데도 허구가.
> 우리가.
> 시가 되다니.
> 노래가 되다니.
>
> ―「금정포」(p. 80) 부분

중요한 것은, "그런데도" '금정포'라는 "허구가" "우리가" "시가/노래가" 될 수 있었다는 사실이, 그토록 강렬하면서 "이상"한 장소적 현전성을 통해 증언되고 있다는 점이다. 물리적 층위에서 본다면 이러한 현전성은 분명 사실이 아닐 수밖에 없고, 그 누구도 금정포의 실재를 입증

할 수 없다. 그러나 '의미의 기억'이라는 또 다른 층위에서 본다면 '나'와 '형'이 함께 연출한 금정포의 풍경은 진짜와 가짜, 현실과 환상, 꿈과 사실이라는 이분법으로 완전히 환원되지 않는 미묘한 경계 위에서, 허구적으로 '실재'한 다고 말해질 수 있다. 시인이 말하는 '시'와 '노래'라는 허구의 장소, 즉 존재하지 않기 때문에 어딘가에 귀속될 수 없고 귀속될 수 없기 때문에 반복적으로 상연될 수 있는 이 장소들은, 실재와 비실재의 경계를 흐리는 정동적 공간으로서 송희지 시의 퀴어한 장소성을 가장 선명하게 증언하는 자리이다.

관련하여 또 하나 기억해야 할 것은, 시인의 '우리'에는 시적 증언의 대상으로서의 '나'와 '형'뿐만 아니라, 그러한 시적 증언을 함께 수행하는 주체로서의 독자 또한 포함되어야 한다는 사실이다. 금정포의 실재는 '나'와 '형'의 허구적 기억에만 머무르지 않는다. 그것은 송희지의 시적 발화가 지닌 고유한 리듬을 따라, 독자의 감각 속에도 일종의 공유된 기억의 형태로 새겨진다. 이러한 기억의 공동 형성 과정에서 특히 주목할 것은 시집 곳곳에서 반복적으로 호출되는 독특한 서정적 발화, 즉 "형아"라는 호명(apostrophe)이다. 이 호명은 특정한 대상을 향한 부름이나 회상의 발화에 그치지 않는다. "형아"라는 말은 시 속

* José Esteban Muñoz, *Cruising Utopia: The Then and There of Queer Futurity*, New York University Press, 2009, p. 37.

의 '형'을 하나의 인물로 고정하지 않으면서도, 그를 끊임없이 현재적 감각 속으로 되불러내는 언어적 사건이다.*
이러한 반복적 부름 속에서 '금정포'는 특정 지명을 넘어, 호명의 반복 속에서 생성되고 변주되는 정동적 장소이자 도달할 수 없기에 더 강렬한, 익숙하고도 낯설게 감각되는 잊을 수 없는 익명의 기호로 우리 모두에게 남게 되는 것이다.

5. 미래의 사랑

> "형아, 무해한 집을 짓자
> 그곳에서 살자"
>
> 그런 문장을 쓰고 있었다 영원을 믿어서 아름다움에
> 기대서
> ──「가는 기둥 모양의 아상블라주」 부분

---

* 조너선 컬러는 서정시의 핵심 메커니즘 중 하나로 '호명'을 지목하며, 이를 청자를 직접적으로 호출하거나 부재하는 존재를 언어 속으로 불러들이는 시적 수행으로 파악한다. 호명은 단순한 언어적 장식이 아니라, 시적 시간이 지속되는 동안 대상의 부재를 현재화하고 독자를 그 호출의 장면에 참여시키는 구조적 장치로 기능한다. 이에 대해서는 Jonathan Culler, *Theory of the Lyric*, Harvard University Press, 2015 참고.

5부의 「그해, 후쯔에서」 연작으로 들어서면, 시집 도입부에서 제시되었던 사진과 대비될 수 있는 또 하나의 이미지와 다시 마주하게 된다. 고요한 수면 아래 잠겨 있는 다양한 오브제들을 보여주는 흑백사진 아래에는 "S로부터"라는 짧은 문장이 적혀 있다. 이 문장은 5부에 수록된 시편들이 "후쯔"라는, "열대지방"(p. 135) 어딘가쯤으로 추정되는 미지의 장소로부터 발신된, 뒤늦은 답장처럼도 읽을 수 있게 한다.

다른 시들과 비교했을 때 유독 과거형의 시제가 전면화되고 있는 이 연작에서 우선 감지되는 것은 일종의 회고적 정서이다. 가령 "나는 보고 있었다. 사랑—하는 소년들을"(p. 127), "너는 나에게 넣었다. 쥐를. 정력적으로 몸부림치는 쥐를"(p. 129), "나는 이 호텔을 사랑했다"(p. 136) 등의 발화는, "후쯔"에서의 사랑이 더는 존재하지 않는다는 현재적 시점을 부각하고 과거와 현재 사이의 단절을 분명히 드러낸다. 그런데 더욱 흥미로운 점은, '후쯔'가 앞서 살펴본 '금정포'와는 조금 다른 뉘앙스의 장소처럼 느껴진다는 사실이다. 둘은 실재하지 않는 허구의 공간이라는 점에서는 유사하지만, '금정포'가 존재하지 않았지만 실재했을 법한 과거를 환기하는 것에 반해 '후쯔'는 어딘지 모를 전혀 다른 시간, 아직 도래하지 않았거나 도래했지만 이미 지나가버린 어떤 미래의 시간처럼 감지되고 있기 때문이다.

해설 | 퀴어 노스탤지어의 미래

소년이 소년을 사랑할 때마다 해변이 깨져. 만이 다 깨지고 온 시(市)가 구겨져. 그 장면은 어떤 신화처럼, 전쟁처럼 보인다. 뒤엉킨 소년들. 딥하는 소년들. 그 장면은 수 대에 걸쳐 방치된 저택 같다. 담벼락의 넝쿨들, 곳곳 쥐의 굴들, 이어 그 집 바닥을 구르는 단 하나의 오렌지. 생생한 오렌지. 오렌지의 씨알만 한 과육들, 깨물면 한꺼번에 터지는, 한입 가득 숲을 씹는 듯, 그 모든 감각이

파도처럼 몰아칠 때. 소년이 소년을 사랑하고 세계가 깨져. 산란하는 성질의 광물 발밑에 쌓여. 피냐콜라다. 피냐콜라다. 나는 소년들을 보고 있었다. 발광하는 소년들을. 틀림없이 인간인 소년들을. 그것은 지나치게 해상도 높은 이미지여서 나에게로 오지 않았다. 나 그 속에 들어가도록 허락하지 않았다.

—「그해, 후쯔에서」(p. 127) 부분

나는 네댓 명의 어린아이에게 팔 붙들린 채 앞으로 앞으로 끌려가고 있었다. "아버지. 그동안 어디 가셨던 거예요. 무엇을 보고 오신 거예요. 우리의 집으로 가요. 겉모습 어째서 그렇게 늙어버린 거예요."

나는 생각했다. 이 아이들에게, 내가 너희의 아비일 리 없다고 말할 수 있을까? 이제껏 단 하나의 세계도

만들어 본 적 없다는 사실을 이해시킬 수 있을까?
─「그해, 후쯔에서」(p. 138) 부분

　예컨대 "소년이 소년을 사랑하고 세계가 깨져" 나가는 장면은, 아직 이 세계가 감당하지 못하는 미래의 사랑이자 도래했으나 머무르지 못하고 금세 사라져버려 "신화"처럼 되어버린 풍경으로 제시된다. 뒤엉키는 육체, 파도처럼 밀려오는 감각, 생생한 오렌지 하나가 바닥을 구르는 장면 등 그 모든 순간은 너무나 높은 해상도로 포착된 이미지이기에, 오히려 화자에게 도달하지 못하고 "그 속에 들어가도록 허락되지 않은" 비현실적 거리감을 낳는다.

　이러한 시간적 거리 감각은 인용한 두번째 시에서 더욱 두드러진다. "아버지. 그동안 어디 가셨던 거예요. 무엇을 보고 오신 거예요. 우리의 집으로 가요"라고 외치는 아이들의 말 앞에서, "단 하나의 세계도 만들어 본 적 없다"는 토로는 화자를 지금-여기의 주체로, 다시 말해 그들의 "아버지"일 수 없으며 미래를 낳아본 적 없는 존재로 되돌려놓는다.

　"너는 제자리에서 불길처럼 사라졌고. 내게 불의 춤을 추도록 명할 뿐이었지"(p. 134). 후쯔에서의 인상 깊은 체험은 불꽃처럼 사라지고, 남은 것은 오직 그 불의 잔광을 따라 전개되는 '나'의 뒤늦은 "불의 춤"뿐이다. "그의 얼굴을 살펴보면서, 나는 그가 당연히 나일 거라 여겼다. 그러나 그는 내가 아니었고, 나는 걷잡을 수 없이 두려워졌다"(p. 131). 이른바 후쯔에서 화자가 경험하는 것은 실현되지 않은 미래의 부재이며, 그것이 초래하는 내적 어긋남이다. 그는 불길처럼 타올랐던 어떤 시간에 완전히 들어가지도 그것을 자신의 시간으로 귀속시키지도 못한 채, 걷잡을 수 없이 두려워지는 불일치의 순간에 도달해 있다.

그렇다고 해서 송희지가 미래로부터 완전히 거부되었다거나 그가 미래에 대해 절망한다고 단정하는 것은 섣부른 결론이다. 설령 온전한 일치감에 이르지는 못하더라도, 여전히 화자는 '후쯔'라는 익명적 미래에서 자신이 보았던 것들, 행했던 몸짓들 그리고 상상 속에서 잠시 품었던 어떤 시간들을 기억하고 있기 때문이다. 시의 제목 속 "그 해"라는 시간 명사가 암시하듯, 이 연작은 과거를 회상하는 형식을 취하고 있지만 실은 도래하지 않은 미래를, 이미 지나가버린 시간으로 다시 과거화하는 여정을 그리고 있다. 이른바 송희지는 아직, 어쩌면 영원히 다가오지 않을 미래를 기억하고 그리워하는 방식으로, 소유될 수 없고 도달할 수 없는 불가능하는 장소를 상상하는 것이다.

이때 '미래를 기억하고 그리워한다'는 말은 다소 역설적으로 들릴 수 있다. 미래에 부합하는 것은 대개 예측, 예견, 기대 같은 단어들이며, 기억의 대상은 상식적으로 과거의 시간에 국한될 수밖에 없기 때문이다. 하지만 여기서 우리가 또 한 번 기억해야 할 것은, 송희지의 퀴어 노스텔지어에 내포된 미래적 성격이, 존재하지 않은 장소를 향한 기억과 갈망이라는 "잉걸 설탕"의 예외적 감정과 중첩된다는 점이다. 과거를 실현된 적도 현실화된 적도 없는 미완성의 허구적 시공간으로 본다는 점에서 송희지의 시적 과거는 아직 도래하지 않은, 미실현된 시간으로서의 미래와 유사한 형식을 부여받을 수 있다. "잉걸 설탕"의 노스텔지어가 특정 과거에 대한 추억과 미래에 대한 갈망의 중첩 속에서 더욱 매혹적인 정서로 피력되는 이유가 바로 여기에 있다.

    나는 보고 있었다.
    나는 오래전 몸으로부터 떨어져 나온 눈이었다. 검은 자위를 세로로 찢고 쏟아져 나온 시각이었다.

    눈앞에 물이 있었다. 푸른 정경이었다. 물은
                                    물을 쥐었다.
물을 안았다.
                                      물을 속였다.
물을 먹었다.
                                      물을 방관했다.
물을 위했다.
                                      물을 해했다.
물을 굴렸다.

                                    물을 우겼다.

물을 여겼다.

                                    물을 원했다.

물을 염했다.

                                    물을 낳았다.

물을 놓았다.

                                    푸르다.

그 푸름에 나는 연루되지 않는다.

내가 없더라도 눈앞의 풍경은 푸를 것이다. 푸름을 쥐고 기어이 놓지 않을 것이다.

그 사실이 나를 살게 했다.

오래된 어음이다.

—「그해, 후쯔에서」(p. 140) 전문

그런 의미에서, 송희지의 시적 기억 속에서는 과거를 도래할 미래로 재구성하는 일과 미래를 실현되지 않은 과거로 전유하는 일이 본질적으로 분리되지 않는다. "그 사실이 나를 살게 했다./오래된 어음이다". 이처럼 현실의 세계가 강요하는 죽음의 미래로부터 '나'를 살게 하는 것은 유예된 채 반복적으로 회귀하는 오래된 미래이며, 동시에 아직 실현되지 않는 새로운 과거이다. 같은 맥락에서 그것은 무뇨스가 말한 퀴어 노스탤지어에 함축된 유토피아적 충동과도 이어질 수 있다. "이 기억의 렌즈, 그리고 그것이 창출하는 흐릿한 신기루들은 단지 유토피아를 상상하게 하는 것이 아니라, 우리가 유토피아를 '갈망'하도록 자극한다."* 존재하지 않는 장소(u-topos)로서의 유토피아는 과거와 미래 사이 어딘가에, 도래했으나 실현되지 못하고 지나갔으나 사라지지 않은 시간의 형식으로 실재하는 것이다. 이 틈으로 되돌아가려는 유토피아적 갈망 속에서 송희지의 퀴어 노스탤지어는 '과거 – 현재 – 미래'라는 연대기적 질서로는 포착될 수 없는, 이상하고도 낯선 미래의 풍경을 펼쳐내는 중이다.

6. 에필로그

끝으로 함께 되돌아가고자 하는 곳은 다름 아닌 이 시집의 첫 시이다.

> 하지제. 희와 지는 파도 풀이 딸린 별장에서 그들 사이의 긴긴 계약이 끝나길 느긋하게 기다리고 있었다. 빛이 수면을 표백하는 것을 보면서. 빛이 손발을 표백

---

* José Esteban Muñoz, *ibid.*, p. 48.

하는 것을 보면서.

무성하다.

일그러진

무성하다.

지는 의심하고 있었다. 정말 이곳에 우리밖에 없는 거 맞지? 이따금 뒤통수 너머로 사철나무 가지가 흔들릴 때 마다 믿을 수 없을 만큼 공포에 찬 얼굴을 했다. 살갗을 종종 긁었다. 비늘을 자주 뽑았다. 어떤 결손을 들쥐로, 어떤 결손을 신으로 여기며 젖은 타일 위에서 말라가고 있었다.

있기.

재생 : 사랑 모델

있기.

희는 물속에 있었다. 가라앉아서, 희는 돌아가고 싶다고 생각했다. 돌아가고 싶다고 생각했다.

——「일틱 프로젝트」전문

『잉걸 설탕』의 맨 앞자리에 놓인 위 장면은, 시집의 시작과 끝을 동시에 표상하는 퀴어한 정동적 시간성을 가장 압축적으로 풍경화하고 있다. 시인 자신의 이중화된 분신적 기호로 등장하는 '희'와 '지'는 현재 "빛이 수면을 표백"하고 "손발을 표백하는 것"을 지켜보며 그들 사이의 "긴 긴 계약이 끝나길" 기다리고 있다. 일종의 상실, 이별, 분리를 예고하는 듯한 이들의 기다림이 말 그대로 "느긋하게" 느껴지는 것은 아니다. 정작 '지'는 자신을 괴롭히는 불안과 공포를 신체적 감각의 반복 행위로 전환하며 견뎌내고 있고, '희'는 물속에 가라앉은 채 "돌아가고 싶다"는 소망을 되뇌고 있기 때문이다. 물론 이들이 되돌아가고자 하는 곳이 과거의 어느 시점인지, 그 회귀가 실현 가능한 것인지 명확히 규정할 수는 없다. 다만 분명한 것은, 그러한 되돌아감이 가능하지 않다는 사실을 '희' 자신이 이미 알고 있다는 점이며, 그 사실을 이제 그들뿐 아니라 독자인 우리 또한 모르지 않는다는 사실이다.

고로 위에서 제시된 "재생 : 사랑 모델"이 예고하고 있는 자신들의 미래, 반복될 과거는, 단순히 복구로서의 재생(reclaim)이 아니라 회복 불가능한 과거와 도달 불가능한 미래 사이에서 다시 상영(replay)되는 사랑의 미래일 것이다. "누군가 저편의 강을 보고 유해 같다고 미래 같다고 하고 아무래도 매듭 같다고 나는 짖는다"(「섀도」). 미래를 죽음과 등치시키려는 세상의 언어에 맞서, 송희지의 시는 과거와 미래를 새롭게 엮어나갈 낯선 사랑의 매듭을 상상한다. 그렇게 송희지의 시는 지나간 시간의 과거이자 다가올 시간의 미래로 표상되는, 이상한(queer) 시적 현재 속에 놓인 채, 존재하지 않는 장소로 향하는 사랑의 시간에 자신을 맡긴다. 그 시간이 우리에게 앞으로 어떤 미래를 보여줄지, 시인이 어디까지 되돌아갈 수 있을지는 그 누구도 예측할 수 없을 것이다. 다만 이 시집으로 인해 우리가 동시대 한국 시의 새로운 미래를 예감케 하는 잊을 수 없는 이름 하나와 만났다는 사실만은 분명하다. '잉걸 설탕'이라는 허구적 이미지는 불처럼 들끓고 감정의 결정처럼 녹아내리며 형체 없는 시간을 발화(發火/發話)하는, 불가능한 사랑의 리듬이다.